Musculación y Culturismo: Ejercicios con Las Rutinas Perfectas

Ricardo Alvarez

ISBN: 9798390581841

Descargo de Responsabilidad

Esta publicación contiene las opiniones e ideas de su autor. Su objetivo es proporcionar material útil e informativo sobre los temas tratados en la publicación. La información contenida en este libro tiene fines estrictamente educativos. Las estrategias descritas en este libro pueden no ser adecuadas para todas las personas y no se garantiza que produzcan resultados concretos. Si desea aplicar las ideas contenidas en este libro, usted asume toda la responsabilidad de sus acciones. Este libro se vende con el entendimiento de que el autor y el editor no se dedican a prestar ningún tipo de servicios profesionales personales en el libro. El autor y el editor se eximen específicamente de toda responsabilidad por cualquier daño, pérdida o riesgo, personal o de otro tipo, en que se incurra como consecuencia, directa o indirecta, del uso y la aplicación de cualquiera de los contenidos de este libro. El autor y el editor no asumen y rechazan por la presente cualquier responsabilidad ante cualquier parte por cualquier pérdida, lesión, daño o trastorno causado por errores.

Índice de Contenidos

Introducción

Musculación y Culturismo está dirigido a personas que desean desarrollar músculo y fuerza de forma rápida, inteligente y eficiente. La persona puede querer competir o crear un mejor cuerpo para verse mejor o ser mas saludable. Para algunas personas, el levantamiento de pesas es parte de su rutina de salud física/mental y vitalidad, pero quieren ser recompensados con un mejor físico como extra. Este libro es para el individuo inteligente que quiere construir el Pecho, Espalda, Hombros, Brazos y Piernas que la mayoría de la gente sólo puede imaginar. El individuo que aplique estos principios parecerá que compite y que tiene años de experiencia profesional una vez que domine este libro.

Musculación y Culturismo está construido sobre la base y la filosofía de un enfoque eficiente y racionalizado del entrenamiento. Gracias a este diseño, no se desperdiciará ningún esfuerzo. Cada sesión de entrenamiento dará sus frutos.

Capítulo 1: Pecho

El enfoque que voy a enseñarte es único. Comparado con otras escuelas de pensamiento centradas en el esfuerzo extremo que puede causar lesiones. Si estás leyendo esto, probablemente no eres esa persona. Tal vez seas esa persona, pero tienes más ambición que aquellos con los que entrenas. Quieres resultados. Tienes el corazón para darlo todo y ser recompensado por el esfuerzo. Y estás cansado de todas las tonterías que no funcionan. Este libro está condensado para ir directamente al grano sin esas páginas de relleno. Nadie tiene tiempo para eso. Tu entrenamiento debe ser eficiente, y espero encapsular la misma eficiencia en cada frase para ti. Empesare por darte un ejemplo detallado usando mi proceso de desarrollo exponencial de la parte superior del pecho.

Por supuesto, el sentido común dicta que debes calentar los hombros ligeramente antes de comenzar esto. Aun así, lo tengo que decier de todos modos, por si acaso. La mayoría de las personas se acercan a la parte superior del pecho con un enfoque particular predecible. Antes de nada, van al press de banca plano, si hay uno disponible, y empiezan a hacer esas series estándar. Digo si hay uno disponible porque rara vez lo hay cuando lo necesitas. Después de eso, pasan a al press de banca inclinado o a los ejercicios con cable. ¿Es usted una de esas personas? Si es así, entonces por favor reconsidere.

Yo era alguien que amaba hacer banca plana hasta el punto de poder levantar 405 libras. El press de banca plano es un método de entrenamiento con un riesgo muy alto de lesiones. Escribí este libro para que puedas perseguir y alcanzar una composición y desarrollo corporal inimaginables de la manera más fácil posible y que dure. Si no te lesionas, progresarás más a largo plazo. La parte de pecho de este libro se enfoca en Press de Banca Inclinada combinada, SIN DESCANSO, con press en la misma banca usando mancuernas. Considera realizar press de banca plano de vez en cuando, no como entrenamiento principal para que no te lesiones casi nunca. Puede utilizar el mismo proceso que te enseñaré en press con banca inclinada para press de banca regular si quieres. Pero no lo recomiendo.

Usando los principios que presentaré, puede comenzar su entrenamiento de Pecho con cualquiera de estos ejercicios y con cualquier esquema que elija. Para nuestros propósitos, comenzaremos con el banco inclinado primero. Después de calentar ligeramente los hombros, el proceso comienza con un calentamiento dirigido de tres series, diez repeticiones cada una. Te dare el calentamiento si eres muy fuerte, tienes fuerza moderada, o fuerza baja. Cada ejemplo consiste en lo siguiente:

1. Sólo barra (45lb)

2. Barra+Placa de 25lb a cada lado (95lb)

3. Barra+Placa de 45lba cada lado (135lbs)

El calentamiento de tres series anterior se aplica si estás bien entrenado, tienes experiencia y eres relativamente fuerte. Si estás en un nivel moderado, entonces querrás hacer lo siguiente:

1. Barra

2. Barra+Placa de 10lb a cada lado (65lb)
3. Barra+Placa de 25lb a cada lado. (95lb)

Si eres principiante o tienes un nivel de fuerza más bajo, entonces debes hacer lo siguiente:

1. Barra

2. Barra+Placa de 5lb a cada lado (55lb)

3. Barra+Placa de 10lb a cada lado (65lb)

A partir de aquí, la tendencia inicial para la mayoría de la gente es ir a por doce repeticiones, diez repeticiones y ocho repeticiones. Continúan con este procedimiento aumentando el peso. Suelen hacer unas cinco series. Este enfoque habitual no hace mucho y no es suficiente para crear ningún cambio en su composición. La forma más efectiva de hacerlo es dirigiendo tu enfoque hacia el mantenimiento de la memoria muscular mientras construyes densidad a la misma vez que creas nuevo tejido muscular.

MANTENER, CONSTRUIR y CREAR tiene que ser su filosofía. Muchas personas tienen el mismo aspecto año tras año, incluso después de un entrenamiento constante, porque creen que es importante fortalecerse y superar los récords personales de peso. Hacerse más fuerte PUEDE construir la densidad del músculo. Así que cuando la fuerza aumenta en el individuo, el músculo de dicha persona puede ser más prominente. Sin embargo, sus músculos carecen de cierta calidad: las estrías que se pueden ver. Construir músculo no es sólo crecer. Construir músculo es también crear calidad y nuevas fibras musculares para construir continuamente. La idea errónea es que el corte en dieta le dará ese aspecto con esas estrías debido a la baja grasa corporal. Pero quiero ofrecerte una perspectiva diferente de esa idea errónea. Ese aspecto se debe a una gran cantidad de fibras musculares para poder tener ese aspecto con una grasa corporal media. Por lo tanto, el objetivo debe ser 1) Crear nuevas fibras musculares y 2) Hacer crecer las existentes y hacerlas más densas. Una vez que logre esos dos, mantenga con un poco de entrenamiento de poder y levantamiento pesado. Hay varias maneras de lograr esto, pero voy a explicar cómo lo hago yo, y estoy seguro de que esto funcionará para usted también.

Después del calentamiento descrito anteriormente, debe realizar dos series de "Sensación" y tres de "Poder". Las tres series de "Poder" serán combinadas con Press de Mancuernas. **Las series de "Poder" con la barra serán para obtener densidad y los Presses de Mancuernas para crear nuevo tejido muscular**. Ten en cuenta que el objetivo de las dos series de "sensación" no es llegar al fallo muscular (cuando ya no se puede hacer mas), ni siquiera acercarse a él. El objetivo es que tus músculos sientan el aumento gradual del peso para medir dónde caerán tus series de poder sin much riesgo. Por ejemplo, mi última serie de calentamiento es de 135lb. Mis dos series de "Sensación" serían 5 repeticiones a 225lb y 3 repeticiones a

245lb. Mis tres series de "Poder" oscilan entre 255lb-315lb de peso con una variación de 1 a 3 repeticiones.

Nota: El Press de mancuernas con el método de agarre cerrado te proporcionará una mejor contracción y desarrollo. Utilícelo inmediatamente después del press de banca sin descanso.

A veces realizo mis repeticiones en mi fase de series de "Poder" en el siguiente patrón (La fase de Poder tiene 3 series):

- 1) Una repetición, 2) Una repetición, 3)Una repetición.
- 1) Dos repeticiones, 2) 2 repeticiones, 3) Una repetición.
- 1) Tres repeticiones, 2) Dos repeticiones, 3) Una repetición.

Si estás realizando más allá del nivel de cuatro repeticiones en cualquiera de esas tres series, entonces esta es tu señal para tal vez aumentar el peso en tu próxima sesión de entrenamiento. Cada vez es diferente por los diferentes ritmos durante el ejercicio, y también la nutrición y si dormiste bien. La variación individual diaria es la razón por la que los records personales para medir el progreso son poco fiables. La estructura con cada serie incluida será algo así:

Nota: Ajusta el proceso a tu nivel de fuerza. Empieza con los calentamientos recomendados en la pagina 13 y y 14. Despues aumenta el peso en modo similar a este ejemplo:

1. Sólo barra

2. Barra+Placa de 25lb a cada lado (95lb)

3. Barra+Placa de 45lb cada lado (135lb)

4. 225lb haciendo 5 repeticiones (1er serie de "Sensación"; puedo hacer 12-15 repeticiones hasta el fallo muscular aquí, quizás más. Pero ese no es el objetivo)
5. 245lb haciendo 3 repeticiones (2ª serie de "Sensación")

6. 255lb haciendo 3 repeticiones (1er serie de "Poder"; combinado con Press de Mancuernas metodo cerrado

usando 25lb). No descanses. Despues de tus 3 repeticiones empieza con las Mancuernas.

7. 275lb haciendo 2 repeticiones (2ª serie de "Poder"; combinado con Press de Mancuernas usando 25lb)

8. 295lbs haciendo 1 repetición (3ª serie "Poder"; combinado con press de mancuernas usando 25lb)

En las series de "Poder" que se combinan con los Press de Mancuernas es donde usted utilizará el método Enfocado. El método Enfocado comienza en la fase de "Poder". Cada repetición de poder tiene un ritmo preciso en el que su respiración está en armonía con el movimiento. Domine este ritmo si quiere alcanzar niveles extremos de fuerza. Lo mejor sería que empezaras a utilizar el método Enfocado cuando realices el calentamiento para la práctica. Luego, continúe también a lo largo de esas series de "Sensación". Esta práctica te preparará para esas series de "Poder" combinadas con las mancuernas que realmente te cambiarán. Si dominas este ritmo, podrás levantar más que la mayoría de las personas con tu mismo tipo de cuerpo y mas años de experiencia, con mucho menos esfuerzo. Este ritmo se basa en un proceso de 3 etapas y tiene que ser continuo, sin pausas. El ritmo es el siguiente:

1. Cuando el agarre esté fijado, inhale profundamente antes de levantar la barra, y luego levántelo mientras exhala lentamente. No exhale completamente.

2. Después de levantar la barra (la barra esta arriba), vuelva a inhalar profundamente mientras la pesa baja hasta la parte superior de su pecho. Ambas acciones deben tener el mismo ritmo. Así que cuando estés en la parte profunda de la inhalación, la barra debe estar tocando tu Pecho. Alinea el movimiento de la barra y esa respiración perfectamente. Requiere práctica, pero lo dominarás.

3. Exhala mientras empujas. Todo el proceso puede hacerse de forma explosiva y rápida o lenta y controlada. Tu respiración debe coincidir con cualquiera de los dos enfoques que adoptes. Repite la repetición si es necesario utilizando los pasos 2 y 3.

Enhala cuando el peso baje hacia tu pecho y exhala cuando empujes. Asi de facil. A muchas personas les encantacontener la respiración cuando empujan. Asi que no tienen oxigeno y el peso no sube .Practica este ritmo con precisión y perfecciónalo. Cambiara la trayectoria de tu entrenamiento. Este tipo de respiración puede producir una mentalidad paradójica de relajación y poder y es parte de la estructura para un progreso consistente en fuerza, densidad y volumen. Ahora pasemos al concepto de Caos/Impacto.

La parte del Caos impactantes es donde crearás nuevas fibras musculares para mejorar la calidad de tus músculos y su belleza estética. Hay varias formas de crear nuevo tejido muscular. La primera es:

Cuando el movimiento positivo del músculo que se trabaja es más ligero que la parte negativa de la fuerza.

Tome nota del concepto en negrita de arriba. Hacer esto creará nuevas fibras al asegurar que el movimiento positivo (empujar para el pecho y tirar para la espalda) y el movimiento negativo (el peso bajando al entrenar el pecho y alejándose al entrenar la espalda) lleguen al fallo al mismo tiempo. Cuando hagas Press de Mancuernas con agarre cerrado inmediatamente después de hacer Press de Banca, usa el impulso para que el empuje de las mancuernas se sienta más ligero cuando empujes, y baja muy despacio durante unos 7 segundos hasta que toquen tu pecho. Esta técnica hace que el movimiento positivo (el empuje) sea más ligero que la parte negativa de la fuerza (las pesas bajando). Baja lo más despacio posible sin hacer pausas. Si quieres crear nuevas fibras musculares sobre las que construir crecimiento y densidad, esta es la forma de hacerlo. Puedes aplicar el mismo concepto a cualquier otro músculo que entrenes.

La segunda forma es la **restricción del flujo sanguíneo**. Acostúmbrese a flexionar la parte del pecho que tiene como objetivo después de cada serie. Flexione con mucha fuerza. Flexionar de esta manera le dará un desarrollo adicional. Aprieta y flexiones por 10 segundos. Arnold Schwarzenegger descubrió este pequeño invento cuando solía flexionar sus bíceps después de cada serie. Se dio cuenta de que sus bíceps que flexionaba; normalmente, el derecho crecía más que el izquierdo debido a esa flexión. Así que flexionaba para apretar en extremo después de cada serie para darle ese tamaño adicional con el tiempo.

La tercera forma es **bombear más sangre al músculo**. Series con muchas repeticiones (20 o mas) o parciales (trabajando el musculo en rango corto) son buenas formas de bombear. No te preocupes. Te dare ejemplos en aplicar esos principios. Recuerda que esos tres son tus principios del caos para esta parte de tu entrenamiento para la parte superior del pecho. Te mostraré cómo aplicarlos de una manera eficiente y optimizada.

La filosofía detrás de la creación del Caos dentro de su estructura proviene de que la mayoría de la gente malinterpreta la adaptación muscular. Confundir a los musculos es importante pero necesitan acostumbrarse a una estructura para subir de nivel. La gente cambian ejercicio cuando sus músculos se adaptan al estímulo y a la rutina. El problema con este hábito es que la mayoría de la gente hace la transición a actividades que no funcionan y a prácticas que funcionan aún menos. Así que se quedan atrapados en este ciclo de falso progreso. Quieres aprovechar lo que funciona (tu estructura) y crear el Caos/Impacto dentro de esa estructura, para que la adaptación muscular nunca sea un problema, y tambien la consistencia nunca se rompa a la misma ves. Nuestro éxito y progreso siempre están ligados a la consistencia o al ritual. Así que tenlo en cuenta porque el concepto es esencial para los próximos capítulos. Continuemos con la parte del caos.

La porción de caos comienza cuando has completado tu calentamiento y tus 2 series de Sensación. Los Press de Mancuerna serán tu vehículo del caos después de cada serie de Poder. El peso que usarás para tus Presses de Mancuernas puede variar de 10lb hasta mancuernas de 35lb, dependiendo de lo fuerte o experto que seas. Yo prefiero un par de 25lb. Ni demasiado pesado ni demasiado ligero. El propósito de esto es crear nuevas fibras musculares. El crecimiento o la densidad no es el objetivo. Ir pesado aquí es perjudicial. Sólo asegúrese de que no es demasiado pesado ni demasiado ligero.

Por ejemplo…Si eligió mancuernas de 15lb como base, utilice esas mancuernas de 15lb para las tres series combinadas. No aumente ni disminuya el peso. Mantener un solo par de mancuernas es muy importante, lo que nos devuelve al concepto de estructura. Otra razón para no aumentar o disminuir el peso se debe a la eficiencia. Usted no quiere hacer su serie de poder, combinada con presses de mancuernas, terminar, después caminar por otro par de mancuernas, y regresar a la banca inclinada. TODO lo que hagamos para que tu proceso de transformación sea exitoso tiene que ser eficiente y optimizado sin desperdiciar nada. No te hagas el gracioso y no pierdas el tiempo.

Así es como lo consigo: Antes de nada, preparo un par de mancuernas de 25lb para la parte del Caos a mi lado. Después de mis tres series de calentamiento y dos series de Sensación, aumento el peso a 255lb para realizar mi primera serie de Poder. Levanto y realizo 3 repeticiones utilizando el método Enfocado con el ritmo preciso de respiracion que he descrito. A continuación, agarro las mancuernas y realizo mis Presses de Mancuernas con la forma número uno de crear nuevo tejido muscular: **El movimiento positivo del músculo que se trabaja es más ligero que la parte negativa de la fuerza.** Utilizas el impulso de tu cuerpo al subir, sin dar tirones, y bajas lentamente durante 7 segundos. Los Press de Mancuernas también se realizarán en el banco inclinado para eficiencia maxima. Este procedimiento combinado es una continuación del Enfoque Centrado, pero aquí está el secreto. No se cuentan las repeticiones cuando hagas los press de mancuernas. Sólo se concentra en el movimiento de empuje explosivo y el peso bajando por 7 segundos. Tu serie termina 3 repeticiones o más DESPUÉS de que empieza arder el musculo.

La mayoría de personas que levantan pesas no progresan porque se dicen a sí mismos: "Quiero llegar a X cantidad de repeticiones". El problema es que tu cerebro y tu cuerpo ceden en torno a ese objetivo limitante que te has dado para las repeticiones. Sin embargo, una mentalidad limitante no eres tú. Tú eres diferente y rompes los limites. Después de completar tu serie combinada (Press de Banca + Press de Mancuernas de Immediato), flexiona (abrazando fuerte) al máximo la parte superior del pecho por 10 segundos para añadir el principio del caos de restricción del flujo sanguíneo. La ventaja de esa poderosa flexión es llenar un vacío de satisfacción con tu serie. Supón que sientes que tu serie de Poder con Presses de Mancuerna no fue suficiente para satisfacer esa sensación de plenitud. En ese caso, puedes flexionar más fuerte y por más tiempo en lugar de hacer series adicionales innecesarias como hace la mayoría de la gente. Bien, eso cubre la primera serie combinada. Pasemos a la segunda.

Para la segunda serie combinada, cuando aumentamos la parte de potencia de la serie, podemos hacer lo mismo y seguir el mismo proceso. Luego continuamos con la tercera serie combinada y volvemos a hacer lo mismo. Está totalmente bien ir por ese camino. Yo ocasionalmente aprovecho el estímulo si siento que las bombas musculares y la intensidad lo justifican. Queremos aprovechar lo que funciona y descartar lo que no funciona. Esas tres series combinadas serían suficientes para que cambies tu composición corporal a un nivel moderado. Pero aún no hemos terminado. ¡Queremos llegar a un nivel muy superior! Todavía podemos añadir un principio de caos más a esta dinámica: **bombear sangre al músculo**. Lo logramos añadiendo repeticiones parciales con Press de Mancuernas.

¿Recuerdas la parte en la que te dije que añadieras 3 repeticiones después de que empezara a arder? En lugar de realizar esas 3 repeticiones, realiza de 10 a 20 repeticioness parciales (rango corto pegando al pecho subiendo un poco nomas), aproximadamente un cuarto de movimiento más cercano al pecho. Si terminas con las repeticiones parciales, no necesitas flexionar después de completar la serie. Hacerlo resulta redundante.

Con más experiencia y práctica, podrás crear muchas variaciones con estos conceptos. A medida que tu experiencia aumenta, tu creatividad y las variaciones se armonizan con tu estilo. Terminaré este capítulo con una revelación de un afortunado accidente cuando pases por El Enfoque Centrado. La revelación es esta. Durante esas series de poder, no nos preocupamos demasiado por el aumento de la fuerza. Tu fuerza aumentará exponencialmente sin que te concentres en ello. Ni siquiera necesitarás intentar progresar con la potencia y la fuerza. Indirectamente, la potencia y la fuerza aumentarán cuando domines todos estos fundamentos.

Resumen

Serie 1, 2, y 3: Calentamiento con 10 repeticiones incrementando el peso un poco en cada serie. Usa el peso de tu nivel en la pagina 12 y 13.

Serie 4 y 5: Series de Sensacion con peso moderado para prepararte para las series de Poder. Peso mas pesado que la ultima serie de calentamiento. Pero que puedas hacer 5 repeticiones facil.

Serie 6-8: Series de Poder combinado con Press de mancuernas con agarre cerrado. Usa los principios del caos.

- **El movimiento positivo del músculo que se trabaja es más ligero que la parte negativa de la fuerza**
- **Restricción del flujo sanguíneo (Flexionar despues de cada serie)**
- **Bombear Sangre al Musculo (Parciales o Alta repeticion - - 20+ repeticiones)**

DIA UNO: TRAYECTORIA DE RUTINA

PECHO	DELTOIDE ANTERIOR
Ejercicio #1: • Tres series de calentamiento con 10 repeticiones -- Dos series de sensación -- Tres series de Poder en Press de Banca Combinada con Press de Mancuernas usando principios de Caos. ***Ejercicio #2*** • Capitulo 2	***Ejercicio #3:*** • Capitulo 3
DELTOIDE MEDIO	**TRICEPS**
Ejercicio #4: • Capitulo4	***Ejercicio #5:*** • Capitulo5

Capítulo 2: Pecho Continuado

La importancia de establecer objetivos en la vida cotidiana es la base del éxito. En nuestras finanzas, educación, carrera y relaciones, debemos tener una meta para medir dónde estamos actualmente. También puede guiarnos para tener una idea clara de hacia dónde vamos. Seguro que en el pasado has conseguido algún objetivo que te has marcado y automáticamente te has sentido orgulloso de ello, como debe ser. Tenías un objetivo y lo alcanzaste. La alegría y la seguridad son inevitables cuando encarnas ese tipo de competencia. Por desgracia, la misma mentalidad valiosa de fijación de objetivos puede ser perjudicial a la hora de construir el cuerpo que deseas. El perjuicio indicado es un cambio masivo para la mayoría de la gente y muy difícil de entender. Una mentalidad práctica para la vida diaria puede ser un ancla para lo que estás destinado a ser físicamente. Desafortunadamente, el establecimiento de objetivos te frena en tus esfuerzos de construcción muscular.

La inclinación natural en la búsqueda de transformar nuestro cuerpo es tener la misma mentalidad de fijación de objetivos que tenemos para la mayoría de las cosas. La filosofía mencionada anteriormente es un sistema limitante para mejorar físicamente. Usted PUEDE hacer un progreso significativo teniendo una meta y haciendo un seguimiento constante de las cosas. Esta búsqueda puede ser muy desalentadora y requiere una mente disciplinada. Incluso con tal disciplina, los resultados para la mayoría de la gente son inferiores. Usted está leyendo este libro porque no es la mayoría de la gente. Usted quiere obtener mejores resultados de la manera más eficiente. Así que presta atención porque este cambio de mentalidad es muy valioso y útil.

Supongamos que alcanzas tu objetivo físico. La mayoría de la gente tiene un plan cortoplacista. Quieren perder peso para una boda, el verano o algo así. Digamos que pierdes esos kilos. Digamos que consigues unos bíceps más grandes. O te haces más fuerte. Hay dos direcciones que puedes tomar en cada área después de lograrlas. Obviamente, puedes perder más peso o ganar más peso. Pero perder demasiado peso puede llegar a ser muy poco saludable, y ganar peso te deja de vuelta al principio. A veces se gana mucho más peso, haciéndolo más pesado de lo que era antes. Ese suele ser el caso de la mayoría de la gente, porque mantener el físico no da alegría. La persona pierde peso. Luego vuelve a caer en sus antiguas costumbres, y el cuerpo gana más grasa por necesidad debido a la percepción de un futuro empobrecimiento nutricional. El cuerpo piensa que se consumirá menos comida y entonces el peso se vuelve más difícil de perder. Los programas de pérdida de peso requieren una revisión del estilo de vida de la persona. Este libro se basa en la incorporación estratégica de los principios de entrenamiento en su estilo de vida actual. De forma indirecta, perderá ese peso si hay que perderlo.

Bien. Digamos que consigues el tamaño de bíceps que deseas, pero recuerda que si los haces crecer demasiado, fuera de proporción con el resto de tu cuerpo, puede que no se vean bien. También existe la proporción ideal para el tamaño de los hombros y el tamaño de los tríceps para acentuar el bíceps correctamente. Entonces, el objetivo para la mayoría de la gente es mantenerlos en el tamaño perfecto donde las proporciones son estéticamente agradables a la vista. Para mí, "mantener" es una forma virtuosa de rendirse.

El progreso constante e interminable nunca te fallará, así que eso debe convertirse en lo que te esfuerzas por lograr. Cada vez que haces que tu objetivo sea "mantener", los contratiempos se acumulan. Así que esfuérzate siempre por progresar de una forma u otra. Intenta mantener tu tamaño mientras mejoras otras áreas del bíceps de forma indirecta. Los bíceps tienen otras áreas distintivas que puedes esforzarte en mejorar cuando se alcanza un tamaño ideal. Puedes buscar el desarrollo del bíceps inferior. También puedes desarrollar el pico. También puedes aumentar la vascularidad. . SIEMPRE hay algo que mejorar o transformar.

Ahora digamos que te haces más fuerte. Obtienes ese estímulo mental cuando empujas los límites de tu fuerza. Entonces quieres más. Esa búsqueda se convierte en un juego del gato y el ratón de avances y retrocesos. El proceso de adquisición de fuerza suele ser así. Las personas obsesionadas con la fuerza caen en esta trampa. Créame. Yo fui uno de ellos en algún momento. Perseguir el poder y la fuerza no son jornadas en las que se aplique la paciencia como virtud. Las inevitables caídas en la búsqueda del poder y la fuerza pueden conducir a retrocesos devastadores de los que algunas personas nunca se recuperan al lastimarse. Una mentalidad obsesiva en la búsqueda de la fuerza tiene sus problemas.

El problema está asociado a tus articulaciones y tendones. Tus articulaciones y tendones no permitirán el rápido progreso que deseas porque no han tenido el tiempo necesario para adaptarse. Otra serie de problemas son las lesiones leves de muñeca, de codo o de hombro. Estas son mas razones por las que una mentalidad de ganancia de fuerza constante no es viable a largo plazo. En el Capítulo 1, le mostré cómo aumentar indirectamente la fuerza sin poner en riesgo significativo sus hombros, muñecas y codos. Siempre hay un riesgo, pero el riesgo debe ser minimizado para el éxito a largo plazo. La única consistencia para una mentalidad terca en ganar fuerza es la lesión.

Cuando tienes que retroceder en tu entrenamiento debido a una lesión - y esa fuerza que ganaste se va con ella - tienes que empezar desde el principio para recuperarla. Se avanza y luego se retrocede. Este ciclo continúa y se convierte en parte del estilo de entrenamiento de una persona. Luego las lesiones son más persistentes. A partir de ese momento todo es hacia atrás. Cambia la mentalidad y aumenta indirectamente tu fuerza de forma segura utilizando los principios del Caos. La longevidad es vital porque siempre hay un después. Sigue con el Enfoque Centrado para el poder y la fuerza, pero asegúrate de que la adquisición de fuerza no se convierta en tu mentalidad principal.

Siempre retrocedí cuando tenía la fuerza como mi mentalidad principal y se convirtió en mi motivación principal. Llegué al punto de levantar en en Press de Banca Plana 405lbs cuando pesaba 190lb/86.2kg. Era un poco ridículo y muy innecesario. Tenía un proceso para alcanzar ese nivel de fuerza. Utilicé una combinación de principios de powerlifting y culturismo estructurados de forma única. Pensaba que nada podía detenerme. Entonces, un día me lesioné el hombro, e incluso levantar unas miserables pesas ligeras para una repetición se convirtió en una batalla. Mi lesión de hombro fue una experiencia muy humilde. Por supuesto, fue muy deprimente, y me tomé unas semanas de descanso para sentirme como un perdedor . No sabía en el momento que esa lesion era una bendición oculta.

Debido a ello, tuve que cambiar mi entrenamiento y ser más eficiente y equilibrado. Te diré una cosa: mi pecho y mis hombros se ven mejor ahora que cuando levantaba la cantidad mencionada anteriormente. Centrarme en lo que hace que los músculos crezcan exponencialmente y en cómo crear más tejido muscular simultáneamente se convirtió en mi obsesión. Diría que la mayoría de la gente que entrena está atrapada en un bucle de desesperación sin darse cuenta. Existe un círculo de falso progreso cuando se intenta hacerse más fuerte. También ocurre cuando se persigue un objetivo efímero con una mentalidad limitada. Esta mentalidad limitada conduce inevitablemente a una regresión cuando se produce una lesión. Lo que quieres perseguir es un progreso constante, alegre e interminable. Céntrate en minimizar las lesiones. También debes reconocer que la fuerza y la potencia son aproximadamente el 10% del crecimiento y desarrollo muscular. La lesión constante se convertirá en tu territorio normal cuando vives en ese 10%. La búsqueda de poder y fuerza debe abordarse con sabiduría y un cierto nivel de respeto. Así que déjame mostrarte la alternativa. Esta alternativa a la ganancia de fuerza como enfoque principal es el Enfoque Indirecto.

El Enfoque Indirecto es un poco más abstracto. La mejor definición que puedo dar es ésta: Existe un beneficio indirecto en varias áreas no relacionadas cuándo la acción enfocada es en un área primaria. El progreso es constante sí consigues incluir abundantes métodos en los que existan beneficios indirectos. En el Capítulo 1 había unos beneficios indirectos para las prácticas descritas. Y muchos más están por venir. Lo explicaré más en detalle cuando le enseñe un nuevo método para el crecimiento rápido y la ganancia de fuerza. Este método se llama La Bomba de Poder y se realiza en una serie muy larga. Si se utiliza correctamente, este método activará el crecimiento exponencial e incluirá otros beneficios.

A veces no tenemos tiempo para hacer un entrenamiento ideal. Necesitamos hacerlo rápido porque tenemos otros compromisos. Hay otras veces en las que estamos preparados para entrenar. Sin embargo, no tenemos ese margen emocional o mental para concentrarnos en el Enfoque Centrado u otros principios de Caos basados en esfuerzo mental. A veces no tenemos tiempo para ponernos a filosofar sobre las cosas. Es entonces cuando este método funciona a la perfección. Este método es uno de esos principios basados en la intensidad. Sirve como una herramienta muy eficaz para el desarrollo muscular rápido. También constituye un atajo productivo y un medio para garantizar que no se deje nada en el intento.

Durante el banco inclinado, logramos el aprovechamiento de la estructura y creamos el Caos para interrumpir la adaptación muscular. Después del banco inclinado nos moveremos a las Aperturas en Maquina para el impacto definitivo al pecho. Durante las Aperturas en Maquina, el método de La Bomba de Poder sera utilizado. Este método suena muy estupendo. ¡Eso es porque lo es! La Bomba de Poder expondrá rápidamente sus músculos al tipo de crecimiento que mucha gente sueña. Piensa en este método como un atajo para la creación de fibras. Pero debe hacerse correctamente y ejecutarse en determinados momentos para que sea efectivo. Recuerde que este método no es un sustituto de los métodos anteriores. Este método bombea mucha sangre al músculo y tiene otras funciones, lo que nos lleva a uno de nuestros principios del Caos del Capítulo 1. La Bomba de Poder es una versión más extrema de bombear mucha sangre al musculo.

APERTURAS DE PECHO EN
MAQUINA

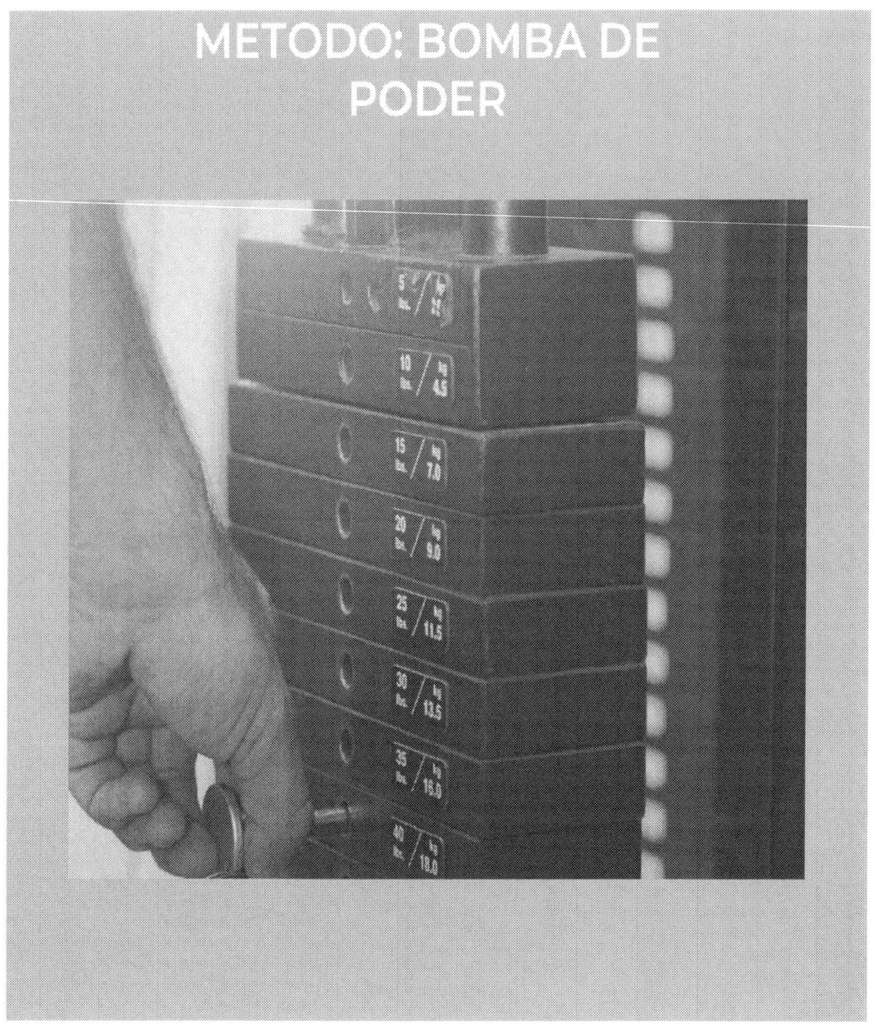

El método de La Bomba de Poder es esencial para un enfoque indirecto del entrenamiento. Además de bombear sangre a los músculos, este método también agota los niveles de glucógeno a un ritmo rápido. Un efecto similar al de una dieta baja en carbohidratos se apodera del cuerpo, aumentando inadvertidamente su capacidad de quemar grasa. Otro beneficio indirecto es el rápido aumento de las mitocondrias, la central de energía de la célula, lo que facilita la quema de grasas y el uso adecuado de la energía. Todos estos son requisitos para revertir la resistencia a la insulina. Las personas resistentes a la insulina tienden a acumular y retener más grasa. Pero lo más importante es que el método también crea nuevo tejido muscular. El nuevo tejido muscular le da ese aspecto rasgado que puede lograr sin que su grasa corporal sea baja. Así que indirectamente, logramos varias cosas sin que sean nuestro objetivo principal.

La forma de empezar es relativamente sencilla. Ajustamos la posición del asiento en función de la zona del pecho a la que queramos dirigirnos. Si vas a desarrollar más la parte superior del pecho, pon el asiento hasta abajo. Si su objetivo es el pecho medio, coloque el asiento en el centro. Si quieres centrarte en la parte inferior del pecho, coloca el asiento en la parte más alta. Aprovecha para desarrollar tu intuición. Averigua la posición precisa de tus manos en las asas, la posición del asiento y dónde sientes exactamente el músculo según tus ajustes. Una vez que tengas esto claro, seguimos con el método de la Bomba de Poder.

Tradicionalmente, el método de La Bomba de Poder comienza con el peso más bajo posible en una máquina. No quieres hacer esto con las pesas, ya que cambiarlas constantemente no es muy eficiente ni está optimizado. Hay demasiado tiempo de espera en el medio - tiempo desperdiciado que podría haber sido utilizado mejor para hacer más series. Mucha gente no se da cuenta de esto, por eso sus entrenamientos duran demasiado, y como resultado, esos entrenamientos se vuelven ineficientes. Si tardan demasiado debido a los largos tiempos de preparación, esto puede conducir a un estado catabólico en el que el músculo se descompone. Tal vez entrenen la cantidad de tiempo apropiada, pero los entrenamientos son de nuevo ineficientes debido a los largos tiempos de preparación para cada ejercicio. Recuerde que sus movimientos deben ser eficientes sin tiempos de preparación prolongados. No seas una de esas personas que pasan 2 horas en el gimnasio pero sólo entrenan unos 20 minutos. Estate allí durante casi la mitad de ese tiempo, o un poco más. Entrena alrededor del 80% de ese tiempo y el porcentaje que queda para descansar.

La Bomba de Poder continúa cuando se realizan diez repeticiones con el menor peso posible. A continuación, sube un nivel de peso, vuelve a realizar diez repeticiones, sube otro nivel de peso, y así sucesivamente. Este rutina continúa hasta que ya no pueda hacer diez repeticiones. Cuando no pueda hacer diez repeticiones debido al fallo muscular, baje el nivel de peso de uno en uno haciendo lo mismo. Entonces realiza las repeticiones que puedas en cada nivel hasta que pueda hacer fácilmente diez repeticiones. Cuando sea capaz de hacer diez repeticiones con facilidad - es cuando se detiene. No pases del punto de las diez repeticiones aunque puedas hacerlo. La forma tradicional de hacer este método es bastante impresionante, pero no está totalmente optimizada para la máxima eficiencia. Debo mencionar algunos problemas con esta forma de realizar el Método de la Bomba de Poder. Después de que estes consciente de esos problemas, le daré la versión mejorada y optimizada. Esta versión mejorada transformará radicalmente la composición de cualquier parte del cuerpo a la que se dirija.

La forma tradicional me funcionó de maravilla, pero mis músculos se adaptaron rápidamente. Al principio, mis músculos cedían alrededor de mi séptima serie en la parte de nivel aumentando peso. En mi sexta serie, podía hacer diez repeticiones. Aumentaba el nivel de peso rápidamente y realizaba unas seis repeticiones en mi 7ª serie. Ahora era el momento de revertir el peso. Sólo podía hacer unas 3 o 4 series más mientras bajaba el peso. Alcanzaba diez repeticiones en la 4ª serie al bajar y, finalmente, me detenía aunque pudiera hacer más. El proceso directo satisfacía el requisito del método de la Bomba de Poder. Funcionaba de maravilla.

Pensé que había encontrado una mina de oro. Después de una o dos semanas, vi una mejora masiva en el desarrollo de mi pecho. Me sorprendió lo bien que respondían mis músculos. Un día volví a entrenar y de repente empecé a tener un buen problema. No lo noté la primera vez. Lo vi semanas después. Cada vez que hacía el método de la Bomba de Poder - era capaz de alcanzar diez repeticiones rápidamente después de bajar el nivel de peso sólo una vez. ¡Me tomó una sola serie! Mis músculos se recuperaron muy pronto al disminuir el nivel de peso. Después de eso, empecé a cometer un error, mi propia manera de adaptarme a mi buen problema. Para resolver mi problema de recuperación inmediata, empecé a realizar repeticiones hasta el agotamiento, más allá de las diez repeticiones de mi serie de nivelación. Hice esto para sentir el mismo efecto y las bombas musculares que sentí anteriormente. Realizar repeticiones hasta el agotamiento fue un error grave. Algo no se sentía bien cuando comencé a hacerlo, pero continué de todos modos. ¿Has tenido ese problema? ¿Continúas en un camino que sabes que no debes con la esperanza de un resultado positivo?

Debido al agotamiento, pronto empecé a perder tamaño rápidamente. Desgraciadamente, me quemaba en el momento equivocado. El agotamiento me puso en un estado catabólico. Me estaba forzando, de mala manera, hasta el punto de que mi entrenamiento se volvió ineficaz. Para que La Bomba de Poder sea efectiva, tus músculos necesitan esos pocos segundos de descanso desde que terminas una serie, cambias el nivel de peso y vuelves a empezar la serie. Esos segundos son valiosos y necesarios. La versión mejorada soluciona el problema de la recuperación rápida para su uso continuado una vez que tus músculos se adaptan. Cada vez que realices el método, será la cantidad justa de activación y rendimiento para obtener resultados continuas. Te sugiero que comiences con la forma tradicional durante las primeras semanas, y luego pases a la versión mejorada una vez que sientas esa adaptación que acabo de describir. La recuperación te dirá cuándo es el momento adecuado.

EJEMPLO: BOMBA DE PODER

NIVEL 5: 10 REPETICIONES
NIVEL 12: 10 REPETICIONES
NIVEL 19: 10 REPETICIONES
NIVEL 26: 10 REPETICIONES
NIVEL 33: 10 REPETICIONES
NIVEL 40 10 REPETICIONES
NIVEL 47 5 REPETICIONES
REVERSA
NIVEL 40: 6 REPETICIONES
NIVEL 33: 8 REPETICIONES
NIVEL 26: 10 REPETICIONES
TERMINA

El método mejorado de La bomba de Poder comienza con unos niveles superiores del peso más ligero, no el más pequeño como antes. Tiene que ser lo suficientemente ligero para que puedas hacer 20 repeticiones o más de forma fácil. Sólo con mirar el peso, deberías saber cuál es. No lo pienses demasiado. Elige unos cuantos niveles por encima del más ligero y empieza. Comienza de la misma manera que el método tradicional descrito anteriormente. Realiza diez repeticiones, un nivel más alto, diez repeticiones de nuevo y un nivel más alto. En lugar de bajar el peso hasta el punto en que ya no pueda hacer diez repeticiones, continúe hasta que no pueda realizar cinco repeticiones. Contrae/flexiona por 10 segundos en esa última serie al subir de peso. Así que se verá así: Ejemplo usando La Bomba de Poder: Poner el peso un poco más pesado que el nivel más ligero, realizar 10 repeticiones, subir de peso rápidamente, empezar 10 repeticiones rápidamente, subir de peso, 10 repeticiones, subir de peso, 9 repeticiones, subir de peso, 7 repeticiones, subir de peso, 4 repeticiones con una retención de contracción de 10 segundos al final de la 4ª repetición. Luego baja el peso un nivel, 5 repeticiones, baja el nivel, 6 repeticiones, baja el nivel, 8 repeticiones, baja el nivel, luego detente en 10 repeticiones aunque puedas hacer más. Ya está. Has terminado.

Resumen

Una Serie Larga: La Bomba de Poder incrementando el nivel de peso poco a poco mientras haces diez repeticiones en cada nivel. Cuando apenas puedas hacer 5 repeticiones, baja el nivel de peso poco a poco haciendo las repeticiones que puedas. Para el ejercicio cuando puedas hacer 10 repeticiones.

DIA UNO: TRAYECTORIA DE RUTINA

<table>
<tr>
<td>

PECHO

Ejercicio #1:

- Tres series de calentamiento con 10 repeticiones -- Dos series de sensación -- Tres series de Poder en Press de Banca Combinada con Press de Mancuernas usando principios de Caos.

Ejercicio #2

- *La Bomba de Poder en Maquina de Aperturas ajustada para el Pecho*

</td>
<td>

DELTOIDE ANTERIOR

Ejercicio #3:

- Capitulo 3

</td>
</tr>
<tr>
<td>

DELTOIDE MEDIO

Ejercicio #4:

- Capitulo4

</td>
<td>

TRICEPS

Ejercicio #5:

- Capitulo5

</td>
</tr>
</table>

Capítulo 3: Deltoide Anterior (Hombro Delantero)

El entrenamiento enfocado te inspirará a ejecutar esas series con mayor eficiencia y confianza. El esfuerzo es mínimo porque su deseo de progresar será mas poderoso que el trabajo para realizarlo, hasta el punto de que cualquier desempeño se siente eclipsado por esa pasión. Teniendo esto en cuenta, Es libro es probablemente el enfoque más minimalista que existe y hecho para un tipo único de persona. Ese tipo de persona suele ser a la vez ambiciosa y apasiona. La eficiencia es una pereza inteligente. Para las personas que tienen esos dos aspectos de personalidad únicos, este libro es una verdadera revelación. El esfuerzo se que requiere es también excepcional.

Requiere mucha energía emocional y serena, pero al mismo tiempo aumenta esas reservas emocionales, serie tras serie y día tras día. Así que requiere mucho pero también te da más.

El sistema te va a encantar demasiado que sera difícil dejar de entrenar y tomarse un día de descanso. Pero, por supuesto, no querrás hacerlo. Sera un problema fantástico que vas a tener. Es muy probable que hayas oído hablar de la conexión entre el cuerpo y la mente. Los profesionales hablan de ella y los competidores de todas las disciplinas saben lo importante que es. Yo creo que es LA PARTE MÁS crucial del entrenamiento específico para levantar pesas. Este libro fue construido con la conexión del cuerpo y la mente en su núcleo. Pero, esa mentalidad va mucho, mucho más allá. La mentalidad no es un ejercicio de inteligencia o algo que tienen las personas genéticamente dotadas. La conexión de cuerpo y mente es una habilidad que puede ser afinada y refinada, perfeccionada y constantemente trascendida. Para lograr un nivel más alto de conexión de cuerpo y mente es necesario que cambies tu mentalidad y el enfoque al entrenar.

Para conseguirlo, debes renunciar tus motivaciones iniciales. Ir al gimnasio para impresionar u obtener resultados específicos con una mentalidad de fijación de objetivos te impedirá lograrlo. Este tipo de pensamiento se convierte en una distracción a la hora de intentar conseguir la Conexión de Cuerpo y Mente. Incluso el enfoque "tú contra tú" se queda corto. Ya sabes a lo que me refiero: esas personas que compiten contra sí mismas por alguna razón. La peor forma de motivación es verse bien durante una temporada, normalmente el verano. Si eres tú, esa persona del verano, deja esa motivación. Con este proceso, tendrás un cuerpo de verano todos los inviernos cuando perfecciones el nivel superior de conexión entre cuerpo y mente. Mira hacia dentro y céntrate, nunca hacia fuera. Alcanza ese estado de total euforia y paz mientras tienes una repetición perfecta, luego una serie perfecta, luego un día de entrenamiento perfecto. Destruir el propio cuerpo con entrenamientos a tope para sentirse realizado es la forma maníaca de entrenar. Este tipo de entrenamiento es para levantadores de baja calidad. Ese tipo de entrenamiento en baja calidad no es para ti porque te esfuerzas por alcanzar mayores alturas. Debes separar lo viejo de lo nuevo para convertirte en tu entidad merecida porque eres único.

La separación en los hombros es algo muy codiciado y difícil de conseguir para los levantadores. Por suerte para ti, te explicaré una forma sencilla de lograrlo. Los conceptos del Capítulo 1 reaparecerán, refinando tu comprensión de los Principios de Estructura y Caos discutidos anteriormente. La configuración necesaria es relativamente simple y eficiente. Como puedes ver, la simplicidad y la eficiencia son temas comunes a lo largo de este libro. La eficiencia es la base del progreso. Así que piensa siempre en la eficiencia. Cuando te desvíes y empieces a hacer ejercicios innecesarios, vuelve siempre a la eficiencia.

Comenzamos nuestro trayecto de separación de hombros con una Press de Hombros por encima de la cabeza. Puede ser de placa o una con un pasador para aumentar o disminuir el peso. Tambien Press Militar funcionara. También necesitas un par de mancuernas, de 10lb a 20lb solamente, para hacer elevaciones como movimiento combinado después de cada serie de press de hombros. Esta configuración combinada es la misma que utilizamos cuando inicialmente nos dirigimos a la parte superior del pecho en el banco inclinado. Usa el Enfoque Centrado con los Press de Hombro y principios de Caos para los Levantamientos de Mancuerna.

Con el tiempo, aumentará el peso de la mancuerna a medida que sus músculos se adapten. No aumente el peso de las mancuernas una vez que elijas tu par. Refiérase al concepto que usamos para Press de Mancuernas del Capitulo 1. Esta configuración debe realizarse poco después de completar Pecho. Todo lo que necesitas son tres series para que esto funcione. Eso es todo. No hay calentamiento ni series de sensación. Tus hombros ya estan calentados despues de los Press de Banca combinado con mancuernas. Los ejercicios anteriores de Pecho calentarán tus hombros, así que no hay tiempo perdido. Te ahorraras 10-15 minutos. Esta transición es esencial, ya que aprovechará la eficiencia cada vez que pase de un entrenamiento al siguiente. La transición después de Pecho funciona de la siguiente manera:

Serie #1: Press de Hombros con peso moderado hasta el fallo como estructura. Sin descanso, continua con Elevaciones con Mancuernas de 10 libras (0 mas) utilizando los principios del caos (Parciales,

Movimiento positivo mas ligero que el negativo, Flexionar despues de cada serie)

Serie #2: Press de hombros con peso moderado a pesado + Elevaciones de Mancuernas de 10 libras utilizando los principios del caos.

Serie #3: Press de Hombros muy pesado + Elevaciones de Mancuernas de 10 libras utilizando los principios del caos. No se necesita mucho más. Este conjunto compuesto funciona porque la porción de pecho inclinado del capítulo 1 trabajará indirectamente sus hombros a un grado muy alto. Estas tres series llena ese vacío para acabarlos y transformar.

La conexión entre el cuerpo y la mente entra en juego en esas elevaciones. Debes ajustar tu cuerpo y el ángulo de las elevaciones hasta que TÚ sientas que tu forma es correcta y que estás aislando. El ardor muscular y el bombeo te lo dirán. Piensa en ellos como pistas. Debes prestar atención al ardor ideal que sienten tus músculos y a la intensidad del bombeo. Uno te dirá si estás en el camino correcto dentro de tu entrenamiento, y el otro te lo dirá después. Puedes ver cientos de vídeos de YouTube sobre las elevaciones "adecuadas", pero debes encontrar esos ángulos para alcanzar esos puntos óptimos.

Añade movimientos parciales en la parte inferior o superior del movimiento, contrae, aguanta y ajusta el rango. Prueba nuevas formas de atacarlo. Pero no hagas nada tonto o extravagante que pueda causar lesiones. Mantén la sencillez y la concentración. Practica esos ángulos con las mancuernas seleccionadas. Cuando encuentres el ángulo correcto en el que la quemadura es única en el buen sentido, y el bombeo no se parece a nada que hayas sentido, debes aprovecharlo. Sigue volviendo a él, mejóralo y continúa controlándolo mientras haces tuyo el movimiento. Es muy divertido descubrirlo. Cuando por fin lo descubras, no tendrás rival en la técnica. Entonces podrás aplicar esa Conexión de Cuerpo y Mente a otras partes de tu cuerpo de forma muy creativa.

DIA UNO: TRAYECTORIA DE RUTINA

PECHO	DELTOIDE ANTERIOR
Ejercicio #1: • Tres series de calentamiento con 10 repeticiones -- Dos series de sensación -- Tres series de Poder en Press de Banca Combinada con Press de Mancuernas usando principios de Caos. ***Ejercicio #2*** • *La Bomba de Poder en Maquina de Aperturas ajustada para el Pecho*	***Ejercicio #3:*** • Capitulo 3
DELTOIDE MEDIO	**TRICEPS**
Ejercicio #4: • Capitulo4	***Ejercicio #5:*** • Capitulo5

Capítulo 4: Deltoide Medio (Hombro del Lado)

En este capítulo, te mostraré cómo secuenciar el Enfoque de Simplicidad para alcanzar un nivel de sofisticación inigualable en tu entrenamiento. Mantener las cosas simples abre la puerta a la maestría recurrente utilizando la repetición - porque la repetición es la madre de la aptitud y la habilidad. La repetición precisa del día a día de la que otros carecen se convertirá en la base de tus habilidades marginalmente superiores a las de ellos. La siguiente es una cotización que quiero que conserves en tu mente durante este capítulo. Espero que te sirva de guía en esta sección y en tus futuros métodos de transformación:

"El problema de muchos de nosotros es que subestimamos el poder de la simplicidad. Cualquier tonto puede hacer algo complicado. Se necesita un genio para hacerlo simple" - Albert Einstein.

Dirigirse a los hombros con Elevaciones de Mancuernas Laterales, la cabeza media, para ser más específicos, requiere una cantidad ridícula de precisión y maestría. Esta necesidad de precisión es el origen de la constante decepción en la búsqueda de esos hombros superiores. Con frecuencia observo a personas que emprenden el reto de las elevaciones con mancuernas de forma inadecuada, o a veces aceptable, pero con un énfasis erróneo. Le ayudaré a resolver esos errores mientras ejerce una alternativa mejor. En el futuro inmediato, posponga las elevaciones laterales con mancuernas hasta que logre un nivel de dominio utilizando la máquina de elevaciones laterales. Una vez que domine la máquina de elevaciones laterales, será inevitable que comprenda en profundidad el objetivo de la cabeza media de los hombros. Desarrollará su deltoide medio de cualquier manera que aspire sin restricciones. Hay varias razones por las que deberías aplazar las elevaciones con mancuernas hasta que tu comprensión respecto a la sensación de tu hombro medio sea innata. Aquí están las razones:

1) Tus deltoides medios se activan mejor en el primer cuarto del movimiento. El problema de las elevaciones con mancuernas se debe a que la activación se produce a mitad del ejercicio, lo que ya supone un fallo en la técnica. Apenas hay activación más allá del primer cuarto del movimiento y más allá porque los trapecios comienzan a involucrarse. Lo ideal es tener los codos metidos hacia dentro de la axila. A partir de aquí, inicias la acción de empujar hacia fuera, manteniendo la tensión al principio del movimiento. No un 5% en el movimiento porque tiene que ser al principio.

2) Digamos que estás de pie o sentado, relajado, sujetando las mancuernas cuando tocan el lado del muslo. Esta postura ya es un fallo en la técnica una vez más. Las mancuernas, de esa forma, te sitúan en un 20% del movimiento necesario para la activación. La mayoría de la gente no se da cuenta de este error. Lo mejor sería que

metieras los codos en las axilas. Hay demasiado espacio desde los muslos hasta donde debería estar el inicio del movimiento.

3) Hay una restricción de peso debido a las muñecas. Sin siquiera considerar el rango del movimiento que discutimos en #1 y #2, necesitas un peso decente para obtener un crecimiento y desarrollo adecuado en los hombros. Cuando entras al territorio de las 25lb o más, la predisposición de la mayoría de la gente es usar el impulso del cuerpo para subir el peso. Desafortunadamente, las muñecas también se inclinan hacia abajo involuntariamente, por lo que hay aún menos activación durante todo el movimiento. Todo ese proceso es un completo desastre de principio a fin. Las muñecas no pueden aguantar mancuernas pesadas.

4) También está el problema del pinzamiento de nervio (que hace que el hombro duela con esa sensación de pellizco). El doloroso problema se produce cuando se inclinan ligeramente las muñecas como si se sirviera una taza de té con tetera . Por desgracia, esta

práctica es frecuente y se utiliza a menudo para desarrollar una contracción adecuada. Esta práctica debe evitarse.

La máquina de elevación/levantamiento lateral resuelve TODAS estas preocupaciones si se realiza según las instrucciones.

Garantizará uno de los mejores desarrollos de hombros a nivel de competición. La máquina resuelve el problema de la activación inicial del movimiento, trabajando perfectamente durante el primer cuarto del movimiento. Resuelve el problema de la restricción de peso, permitiéndole ir más pesado. Y, en última instancia, resuelve también el problema del pinzamiento, al no tener qué inclinar el hombro de forma no natural, lo que puede causar lesiones.

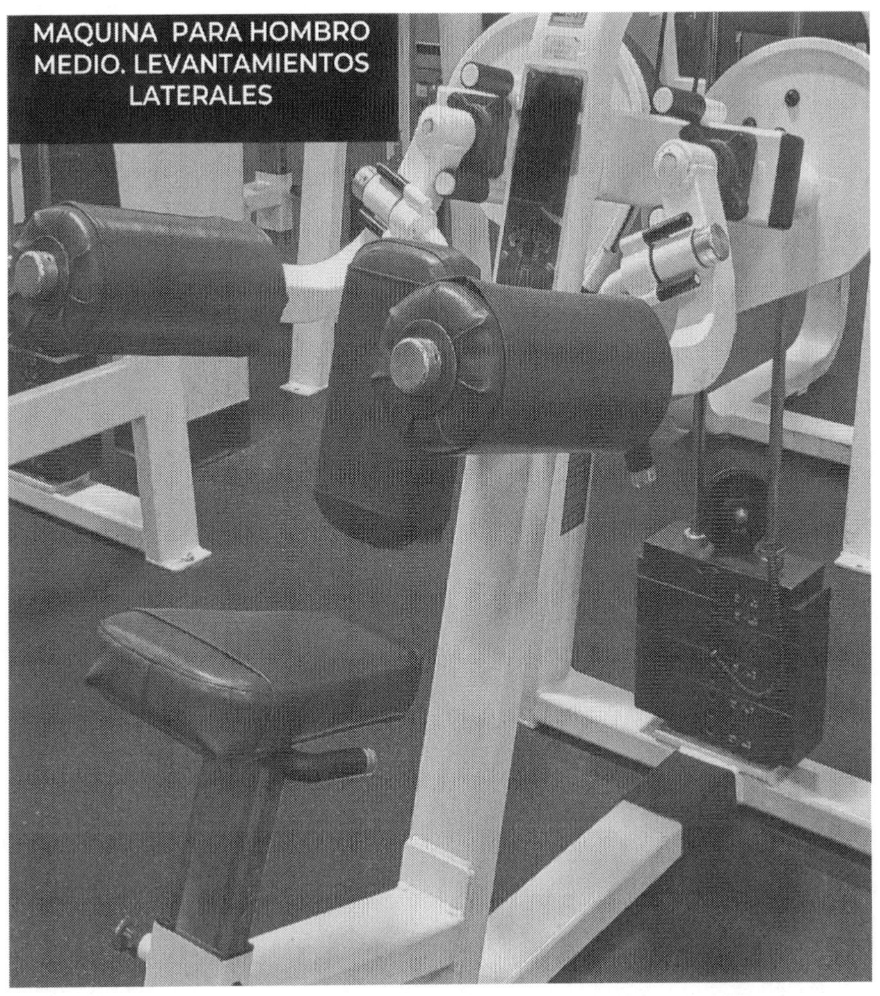

Usted mantiene el control todo el tiempo cuando utiliza la máquina. Los ejercicios anteriores de Press de Banca Inclinada y Press de Hombro (Deltoide Anterior) requerían indirectamente un alto volumen de implicación de la cabeza media del hombro. No lo suficiente como para crear crecimiento y desarrollo, pero sí lo suficiente como para librarse de un calentamiento prolongado y de unas cuantas series en las que, de otro modo, habrías perdido el tiempo. Sólo necesitarás una pequeña serie de calentamiento y 3 series de trabajo máximo utilizando algunos conceptos del Caos. También puedes seguir el método de La Bomba de Poder para realizarlo en una sola serie muy larga. Comencemos con algunos errores que hay que evitar al ejercitar la máquina de elevación lateral:

1) Evite colocar las almohadillas en la zona del bíceps o en la parte superior del codo a través del antebrazo: Muchas personas colocan las almohadillas demasiado altas en la parte superior del codo, cerca de la zona del bíceps. Colocar las almohadillas de esta manera implicará demasiado a los trapecios e iniciará la tensión más allá del cuarto de rango de movimiento necesario para una activación adecuada. En cambio, las almohadillas deben estar más cerca de la parte inferior del codo. Por lo tanto, cuando se inicia la actividad,

hay tensión de inmediato. De nuevo, la posición del asiento debe ser un poco alto para conseguirlo.

2) Evita apoyar los brazos a tu lado: Mete los codos por debajo de las axilas ligeramente y también inclínate un poco hacia delante. No demasiado. La ligera inclinación y el repliegue te darán la tensión inicial necesaria y el movimiento natural del hombro, deshaciendo ese problema de pinzamiento.

El enfoque de la simplicidad es una táctica potente para racionalizar y optimizar tus rutinas. He sido muy detallado sobre el enfoque de la cabeza media del hombro de la manera adecuada hasta el punto de que puede parecer un poco abrumador. Pero no hay necesidad de sentirse abrumado por toda la instrucción. Siéntate, pon el asiento en alto, mete los codos, inclínate to cabeza ligeramente hacia delante y comienza las repeticiones sin subir más allá del nivel de los hombros. Eso es todo. Por favor, mantén la sencillez. Presentaré los Principios del Caos que son más efectivos. Pero no hay necesidad de perderse en todos esos detalles que describí antes. Esas explicaciones están ahí para que tengas una comprensión más profunda de por qué hacemos lo que hacemos. La comprensión es la parte difícil. Hacerlo es pan comido. Si te concentras en la parte de hacer, te irá bien. Suelo hacer 20 repeticiones de pie como serie de calentamiento sin pesas, imitando el movimiento que utilizaré para las elevaciones laterales sentadas. Simular el ejercicio me da la sensación correcta para preparar la forma de mi serie de trabajo. Así que pasemos a la parte del entrenamiento. Utilice algunos principios de los capítulos anteriores para crear sus variaciones. Siempre he pensado que estas variaciones son las más efectivas para el crecimiento exponencial:

Variación #1:

Serie #1 -- Serie de Calentamiento para "sensacion" mientras se está de pie, imitando el movimiento (20 repeticiones)

Serie #2 -- La Bomba de Poder

Variación #2:

Serie #1 -- Serie de calentamiento para "sensacion" como se está de pie, imitando el movimiento (20 reps)

Serie #2 -- Repeticiónes explosivas con 3 segundos de retención de la contracción al nivel de los hombros (arriba), 5 segundos negativos al bajar. Repita las repeticiones hasta el fallo.

Serie #3 -- Repeticiones rápidas hasta el fallo con un objetivo de 30 repeticiones. Si llega al fallo en 14, por ejemplo, realice 16 parciales en la parte inferior del movimiento para tener 30 repeticiones. Parciales son de las axilas a unos cencimetros al empuje. No hagas el moviviento total hasta arriba.

Serie #4 -- Combina #1 y #2 -- Repeticiones explosivas con 3 segundos de retención de la contracción a nivel de los hombros (arriba), 5 segundos negativos en la bajada. Repite las repeticiones hasta el fallo. Si llega al fallo en 8 repeticiones haciendo esto, realice 22 parciales en la parte inferior del movimiento para tener 30 repeticiones.

Mantén las cosas sencillas cuando diseñes tus variaciones. Complicar demasiado los movimientos para que parezcan sofisticados es un área en la que muchos levantadores fallan. Irónicamente, parecer elegante con entrenamientos y rutinas únicas y exageradas conducirá a un físico inferior. En lugar de intentar parecer elegante, sé elegante con el aspecto de tus músculos de calidad como reconocimiento. Mantenerse centrado, progresar indirectamente, Cuerpo y Mente, y la sencillez te pondrán en una estratosfera diferente a la de los demás. Estos principios requieren mirar hacia dentro y no hacia fuera. Cuanto más simple y eficiente seas, más tiempo y energía mental tendrás para esos momentos de poder expresados anteriormente. Un día estarás en el gimnasio y alguien se acercará a ti y te preguntará: "¿Qué haces para tener los hombros así? Sin darte cuenta, indirectamente conseguiste un físico fantástico. Pero no te importará porque cada día te esfuerzas en superarte.

Nota: Si no hay Maquina Lateral disponible en tu Gym, te tengo buenas noticias. Este libro salió a la venta a principios de 2023. En 2024 desarrollé una increíble rutina de hombros como variación para este capítulo. Es una rutina avanzada con muchas imagenes. Puedes solicitarla por correo electronico mandando un mensaje a: Info@MusculacionYCulturismo.com

DIA UNO: TRAYECTORIA DE RUTINA

PECHO	DELTOIDE ANTERIOR
Ejercicio #1: • Tres series de calentamiento con 10 repeticiones -- Dos series de sensación -- Tres series de Poder en Press de Banca Combinada con Press de Mancuernas usando principios de Caos. *Ejercicio #2* • *La Bomba de Poder en Maquina de Aperturas ajustada para el Pecho*	*Ejercicio #3:* • Capitulo 3
DELTOIDE MEDIO	**TRICEPS**
Ejercicio #4: • Capitulo4	*Ejercicio #5:* • Capitulo5

Capítulo 5: Brazo (Triceps)

Los principios que hemos discutido en los capítulos anteriores giran en torno a la mentalidad de estar orientado al proceso, no al evento. El acontecimiento es normalmente lo que usted desea. Puede ser perder grasa, aumentar la masa muscular o crecer/desarrollar un área específica. Estar orientado al proceso te llevará al evento en cuestión. Pero estar orientado a los acontecimientos interrumpirá constantemente tu proceso. El proceso lo es todo, y el evento es fundamentalmente irrelevante. Crear el Caos dentro de una estructura hará que tus músculos se desarrollen constantemente, mientras que la estructura sirve como medio para aprovechar lo que funciona constantemente.

Si te aburres de la estructura de tus entrenamientos consistentes, estás fallando en la parte del caos. No estás siendo lo suficientemente creativo con tus parciales, incrementando la retención en las contracciones, bajando más lento en el negativo, empujando hacia arriba más lento o más rápido en el positivo, u otras variaciones en tu estructura. Las variaciones que estás creando se están volviendo demasiado predecibles. Utilicemos el simple Press de Banca Inclinada como ejemplo sin añadir los Press con Mancuernas. Después el calentamiento, tienes una cantidad moderada de peso. Empujas una repetición de forma explosiva y luego bajas muy lentamente durante 4 segundos, de forma muy controlada. Intenta otra repetición explosiva y baja muy lentamente durante 6 segundos. Intentas otra repetición explosiva y bajas durante 8 segundos. Haces otra y bajas durante 10 segundos. Otra, y luego 6 segundos. Y otra durante 4 segundos, pero añades parciales en la parte inferior hasta el fallo en esa última repetición.

La estructura y el caos están trabajando en armonía en todo ese ejemplo. Hay un patrón de la repetición explosiva, los incrementos de dos segundos para la porción negativa en tus primeras series. Luego, una disminución inesperada de 4 segundos en la negativa, seguida de una reducción de 2 segundos para la parte negativa en las últimas series, y luego parciales para asegurar la creación de nuevas fibras musculares. Piensa en la siguiente cotización cuando abordes un movimiento de entrenamiento directo para maximizarlo de forma creativa:

"No temo al hombre que ha practicado 10,000 patadas una vez, sino que temo al hombre que ha practicado una patada 10,000 veces" - Bruce Lee.

Esta afirmación es válida en muchos sentidos. Observe en el ejemplo descrito anteriormente cómo el simple press de banca inclinada sólo está limitado por su creatividad. Utilizar tu imaginación para medir la reacción de tus músculos determinará lo que filtras en el futuro. Notarás a qué responden mejor tus músculos con suficiente práctica y repetición. Podrás detectarlo por el grado de bombeo y ardor que sienten tus músculos. Entonces podrás quedarte con los movimientos a los que tus músculos responden mejor y descartar aquellos en los que no sientes la respuesta deseada. El proceso, la maestría y la conexión entre el cuerpo y la mente trabajan conjuntamente para conseguirlo. Tú decides qué descartar y qué conservar. Ten fe en tu capacidad de tener miles de opciones, en un solo movimiento, con un solo agarre.

Este concepto funciona de maravilla cuando se entrenan los tríceps después de completar el pecho y los hombros. La clave aquí es darse cuenta de la cantidad de trabajo que sus tríceps han realizado hasta ahora. Durante la parte de Pecho, sus Tríceps recibieron mucho trabajo al presionar en la Inclinación. Las aperturas de maquina le dan a sus tríceps un ligero descanso. Por lo tanto, planificar con qué métodos comenzar es vital para obtener un descanso estratégico, sin enfriarse completamente. Cuando entrenes los hombros justo después de los pectorales, los presses de hombros también darán a tus tríceps un buen trabajo y potencia. Las Elevaciones Laterales en

Máquina le dieron a tus Tríceps un ligero descanso una vez más. Estás empezando a ver un patrón aquí. Así que ahora, cuando pasamos a entrenar los tríceps después de las elevaciones laterales en máquina, ya han sido expuestos a una gran cantidad de trabajo y potencia. Han descansado lo suficiente como para realizar un último entrenamiento que los termine de desarrollar de forma sobresaliente en los Tríceps. Ya no necesitan mucho trabajo, pero deben estar conmocionados para terminar esta fantástica rutina de Empuje. Todo lo que necesitas para entrenarlos son series para Triceps en Polea Alta con cuerda o barra (Recta, "V", o “W”). No se requiere nada más que sea tan efectivo como esos dos. Describiré cómo enfocarlo, para que no haya dudas sobre el desarrollo que deseas.

TRICEPS EN POLEA ALTA
CON CUERDA

TRICEPS EN POLEA ALTA
CON BARRA RECTA

TRICEPS EN POLEA ALTA
CON BARRA DE "V"

TRICEPS EN POLEA ALTA CON BARRA DE "W"

La estructura seguirá siendo simple, y la parte del caos también seguirá siendo simple. Una regla general que debes seguir en cuanto a la mentalidad es la siguiente: Cuanto más fresco sea un grupo muscular, la intensidad de la parte de caos debe corresponder a la proporción de lo fresco que es el grupo muscular. Si el grupo muscular ya ha sido sometido a un esfuerzo, debes mantener la porción de caos y los principios de impacto simples. Ya habías notado que este era el caso desde que comenzamos con el pecho: la estructura y el caos eran más complejos. Cuando pasamos a los hombros, la porción de caos se volvió más sencilla y directa, con menos series involucradas. A medida que se avanza en el entrenamiento, la técnica se vuelve esencial y poco a poco sustituye a la intensidad.

Al principio, la intensidad y el caos son lo más importante. A medida que nos acercamos al final, la técnica y la concentración toman la delantera. Lo mejor sería que te acercaras a los tríceps con un énfasis impecable en la técnica y menos en la intensidad. La cuerda servirá para crear separación y desarrollo en los tríceps. La barra en V servirá para crear poder y fuerza. Puede limitarse a la cuerda solamente o a la barra en V solamente. O puede combinar el enfoque también. Asegúrese de flexionar los tríceps después de cada serie de manera significativa. Una flexión de 10 segundos es ideal. El objetivo son los tríceps con 5 series para acabar con ellos y finalmente completarlos. Si vas por la ruta de sólo cuerda para tus 5 series, encuentro que esta forma es la más efectiva:

Serie #1: 15-20 repeticiones con un peso ligero o medio. Las repeticiones deben hacerse de forma explosiva -sólo repeticiones rápidas sin contracción ni nada. Asegúrate de que tus brazos no se balancean y tus hombros no se mueven. Aísla completamente el movimiento. Flexiona los tríceps al extremo después de la serie.

Serie #2: Debes realizar las repeticiones hasta el fallo sin contar las repeticiones después de aumentar ligeramente el peso de la última serie. El movimiento es lento y controlado. Utilice el enfoque de maestría. Contraiga y flexione durante tiempos variables. Yo encuentro que 1-3 segundos es lo que mejor funciona. Sube lentamente y controla el negativo durante 3-5 segundos. Flexión extrema de los tríceps después de la serie.

Serie #3: Mantén el mismo peso que en la serie 2. Aquí usarás un poco de impulso para hacer el movimiento de bajada más ligero que el movimiento negativo lejos de tu cuerpo. Todas las repeticiones se hacen de esta manera. Así que usa un ligero impulso, para tirar más ligero. Luego mantén una contracción flexionada de 1 segundo, y luego sube lentamente durante 5 segundos. Esta serie se centra en el ligero impulso y el enfoque negativo. El movimiento positivo no es la preocupación aquí. Flexiona los tríceps de forma extrema después de la serie.

Serie #4: Aumenta un poco el peso y repite el proceso de la serie 3. Flexión extrema de los Tríceps después de la serie.

Serie #5: Aumenta el peso una vez más y repite el proceso de la serie #1. Pero esta vez, ve hasta el fallo y no cuentes las repeticiones. 6. Flexiona al máximo los tríceps por última vez.

La ruta de Tricep en Polea Alta con cuerda se centra en un énfasis de peso ligero a intermedio. Por el contrario, la ruta de la barra en V se centra en un énfasis de peso medio a pesado. Observe cómo la ruta de la cuerda se centra más en la contracción y en la parte negativa del movimiento. Sus repeticiones con cuerda deben ser más controladas que la ruta de la barra en V. No es necesario contraer tanto tiempo o concentrarse en la parte negativa tanto para la porción de barra de V. El enfoque se basa más en la potencia. La contracción es de aproximadamente medio segundo. Está ahí, pero no debería durar tanto. El movimiento positivo es el enfoque principal. La quinta serie requiere dos series de caída. Si vas por la ruta de la barra en recta, V, o W, encuentro que esta forma es la más efectiva:

Serie#1: Comienza con una cantidad intermedia de peso. 2. Ejecuta esas repeticiones sin contar hasta el fallo. Flexión extrema después de completar la serie.

Serie #2: Aumenta el peso y repite

Serie #3: Aumenta el peso y repite

Serie #4: Aumentar el peso y repete

Serie #5: Aumente el peso y vaya hasta el fallo. Rapidamente baja el peso a la mitad y continuar hasta el fallo. Baja el peso a la mitad una vez más y termine hasta el fallo una vez más. No es necesario flexionar en esta última serie. Sería exagerado, así que termine la serie.

También puedes combinar los dos métodos con la cuerda y la barra para una descarga increíble si tienes la energía mental y física. Alternar entre ambos funciona muy bien, pero también requiere cambiar de la cuerda a la barra. A veces uno u otro no está disponible en el gimnasio. Hay que tener en cuenta la escasez de equipamiento a la hora de realizar los tríceps. Todos los enfoques son eficientes, y esperar a que alguien termine con la cuerda o con la barra es pérdida de tiempo. Cuando adquieras una, aprovéchala. Tal vez puedas comprar la cuerda y tenerla en tu bolsa del gimnasio, de modo que sólo tienes que preocuparte de obtener la barra. Pero si ambos están disponibles sin restricciones, entonces puedes seguir la siguiente ruta con ligeros ajustes en la parte de la cuerda:

Serie #1: (Cuerda con ajuste de repeticiones) 10-15 repeticiones con un peso ligero o medio. Estas repeticiones deben hacerse de forma explosiva -sólo repeticiones rápidas sin contracción ni nada. Sólo hazlo. Asegúrate de que tus brazos no se balancean y tus hombros no se mueven. Aísle completamente el movimiento. Flexión extrema de tríceps después de la serie.

Serie #2: (Cuerda con ajuste de contracción) Repeticiones hasta el fallo sin contar las repeticiones después de aumentar ligeramente el peso de la última serie. Sin contraer demasiado ya que necesitas una reserva de salida para la barra en las series #4 y #5. Esas series son lentas y controladas. Utilice el enfoque de maestría. Contrae y flexiona durante 1 segundo. Sube lentamente en el negativo controlado durante 3 segundos. Flexión extrema de los tríceps después de la serie.

Serie #3: (Cuerda) Aumenta el peso ligeramente y repite la serie #2

Serie #4: (Barra) Aumente el peso a un rango pesado. Realiza las repeticiones hasta el fallo

Serie #5: (Barra) Aumenta el peso y ve hasta el fallo. Baje el peso a la mitad y continúe hasta el fallo. Baje el peso una vez más y termine hasta el fallo una vez más. No es necesario flexionar en esta última serie. Sería exagerado. Simplemente termine la serie.

Este resumen cubre la rutina de Triceps para el día 1 de su división de 3 días. Fíjate en la estructura de abajo. Preste atención a cómo cada parte que entrenamos es empujada a su máximo potencial para impactar con nuestros principios de caos, y sin embargo, también sirve como un calentamiento para la siguiente parte:

1. Press en Banca Inclinada combinada con Press con Mancuernas
2. Apertura de Maquina
3. Press de Hombros conbinado con Elevación de Mancuernas (cabeza anterior)
4. Hombros (cabeza media) Haciendo elevaciones laterales en máquina
5. Triceps

Manténgalas como están estructuradas arriba. Cuando empieces a sentirte más débil o sientas una falta de densidad, puedes cambiar el enfoque hacia un enfoque de poder más centrado en el pecho, y luego seguir la ruta de La Bomba de Poder cuando te dirijas a los hombros y los tríceps para conseguir un entrenamiento de intensidad rápida. Equilibra tu estructura como te conviene. Debes decidir cuándo cambiar de enfoque. Esa decision es un paso esencial en la maestría.

DIA UNO: TRAYECTORIA DE RUTINA

PECHO	DELTOIDE ANTERIOR
Ejercicio #1: • Tres series de calentamiento con 10 repeticiones -- Dos series de sensación -- Tres series de Poder en Press de Banca Combinada con Press de Mancuernas usando principios de Caos. ***Ejercicio #2*** • *La Bomba de Poder en Maquina de Aperturas ajustada para el Pecho*	***Ejercicio #3:*** • Capitulo 3
DELTOIDE MEDIO	**TRICEPS**
Ejercicio #4: • Capitulo4	***Ejercicio #5:*** • Capitulo5

Capítulo 6: Espalda

Tu filosofía con respecto a las lesiones determinará hasta qué punto progresas y trasciendes las limitaciones de tu físico. Esto no quiere decir que ser duro y aguantar las lesiones sea sabio, pero el entrenamiento tiene un componente de consistencia que no se puede ignorar. La constancia y la frecuencia son esenciales en la búsqueda de la transformación deseada. Sin embargo, esta constancia y frecuencia tienen algo inconveniente. Las lesiones también se producen con la misma constancia y frecuencia. Las lesiones más perjudiciales son las de hombro, rodilla, espalda, muñeca y codo. Son algunas de las lesiones más pertinaces. Ocurren constantemente, una tras otra. Parece que cuando una parte se cura, otra se lesiona.

Así que si alguna vez estás totalmente libre de lesiones, valora esas semanas divinas.

Hay un enfoque que puedes adoptar para seguir progresando incluso a través de la lesión. Este enfoque te llevará de ser un levantador promedio a algo más allá de eso. El enfoque que no puedes olvidar cuando te enfrentas a una lesión es el Enfoque Técnico. Si alguna vez te lesionas, consulta este capítulo para refrescarte. Algunos individuos se desempeñan mucho pero apenas se centran en la técnica. Entrenan mucho y van a tope. Esa persona se ve a menudo. Les falta forma y técnica, pero le hechan muchas ganas.

También hay quienes se dedican a la forma y a la hipertrofia. Observan a algunos tipos o chicas en YouTube, toman sus consejos como si fueran el evangelio y los siguen al pie de la letra, pero se ven igual año tras año. Así que el ávido espectador que sigue a dicho individuo va al gimnasio con una mentalidad única centrada sólo en el récord personal. Consiguen resultados aquí y allá y se emocionan. Se convierten en un individuo orientado al evento, no al proceso.

Incluso consiguiendo records personales y la forma impecable, no hay progreso. Por favor, no confundas la forma con la técnica. La forma es hacer el movimiento correctamente, y la técnica es manipular el movimiento para involucrar o no involucrar otras partes o incluso articulaciones-- es una trascendencia de la forma.

Digamos que te lesionas el codo realizando un movimiento de tríceps o bíceps. Llegas al gimnasio y quieres entrenar tus Dorsales, pero tu codo te limita. En este punto, la forma y los records personales no ayudan en nada para el progreso. El codo duele al extenderlo. Y el dolor no es leve. Duele mucho. Así que dime, ¿puedes averiguar un ángulo o un movimiento para entrenar tus Dorsales sin que te duela el codo? Averiguar la solución a esta pregunta es el camino para ser un técnico. Tiene que haber una obstinación segura que te impulse hacia adelante porque sabes que siempre hay una manera. Estás seguro de ello y lo descubrirás. La predisposición natural de la mayoría de las personas es abstenerse de utilizar el codo por completo. Esta disposición incorrecta retrasara semanas de progreso, lo cual es inaceptable en mi opinión. Cuando descubres cómo sortear el dolor, se genera confianza en tus habilidades. Lo mejor sería esquivar el dolor, no forzarlo o tolerarlo. Esa es la diferencia.

Para evitar el dolor, debes concebir nuevos movimientos sin dolor. Estos ejercicios exclusivos deben hacer trabajar el músculo al mismo grado en que lo hacías antes. Podemos llevar la situación un paso más allá y utilizar el nuevo movimiento/técnica sin dolor para hacer crecer el músculo, no sólo para mantenerlo. El beneficio futuro indirecto es tener esta técnica única en el bolsillo para usarla en caso de que vuelva a producirse una lesión similar. La próxima vez, si vuelves a lesionarte esa parte, no será un gran problema. La situación será ligeramente molesta. Recuerda que un pequeño progreso es mucho mejor que un retroceso. El progreso se acumula junto con tus conocimientos y tu confianza. Así que utiliza el Enfoque Técnico para las lesiones cuando surjan.

Mi experiencia con el Enfoque Técnico me llevó a construir una espalda que nunca creí posible. Y todo lo debo a una terrible lesión en el codo. No podía hacer rizos de Biceps ni realizar mis habituales remos horizontales de espalda con agarre cerrado. Estoy seguro de que alguna vez has tenido este tipo de lesión en la que toda la esperanza se te escapa del alma. Así es exactamente como me sentí yo. En ese momento, no estaba seguro de por qué estaba tan enamorado de mi rutina de espalda. Hacía años que no había hecho ningún progreso. Pero ahí estaba yo, siguiendo una rutina por costumbre y comodidad. Puede que estés en la misma situación, aferrándote a una rutina porque te sientes cómodo con ella. O tal vez lo hagas por costumbre. Pero, aunque disfrutes tu rutina, tienes que progresar. No me refiero a hacer el tipo de progreso en el que se baten récords personales. Me refiero a perseguir un progreso real, a crecer de tal manera que superes una prueba visual evidente.

La lesión en el codo fue lo mejor que me ha pasado. Un día estaba investigando nuevos métodos para aplicarlos porque mi lesion no me dejaba progresar. La mayoría de las cosas que encontré fueron: "Déjalo hasta que se cure por completo". Un consejo excelente. Pero no es una opción para mí porque va en contra de mi naturaleza.

Implacablemente, mi creencia se mantiene firme en que siempre hay un camino. Así que me alejé de los consejos inútiles y empecé a ver entrevistas de los grandes: los culturistas de la Era Dorada. Esos individuos obsesionados. Algunas de las entrevistas que encontré fueron las de Dorian Yates y Arnold Schwarzenegger. A mitad de una entrevista de Arnold, empezó a hablar de la belleza del culturismo y de su fascinación por los diferentes estilos de entrenamiento que difieren del suyo. Habló de cómo admiraba a determinadas personas que entrenaban de forma diferente a la suya. Arnold empieza a hablar de un individuo en particular que conoció una vez con una espalda increíble. Según él, era una de las mejores espaldas que había visto. El individuo del que hablaba era un levantador desconocido que nunca llegó a ser campeón. Este individuo aparentemente sólo entrenaba la espalda verticalmente, nunca horizontalmente.

Cuando llegó el día de la espalda, la forma vertical de entrenar estaba en mi mente. Así que decidí intentarlo un par semanas, con la esperanza de que valiera la pena. Me funciono de maravilla. Esas dos semanas se convirtieron en meses, y esos meses se han convertido en años. La estrategia de la espalda vertical es increíble. En breve explicaré por qué este entrenamiento centrado en la verticalidad tiene tantos beneficios. Pero primero, vamos a cubrir algunas cosas.

¿A cuántas personas, hombres o mujeres, ves a menudo con una espalda increíble que te hace pensar: "¡Guau!"? Si pudiera adivinar, probablemente la ocurrencia es infrecuente. Te tengo otra pregunta. ¿Con qué frecuencia ves a la gente realizando, con una forma perfecta, Remos Horizontales de Espalda en la máquina de cable o los jales Dorsal Ancho por encima de la cabeza en la máquina de cable? Lo más probable es que todos los días sin falta. ¿Ves la desconexión aquí? ¿Por qué tanta gente tiene una forma aparentemente perfecta cuando ejecuta esos dos populares entrenamientos, pero sus espaldas decepcionan? Aquí hay tres razones:

1) Tu espalda es poderosa: Para que tu espalda crezca, el requisito "habitual" es entrenarla en todos los ángulos posibles, con un peso muy elevado y con altas repeticiones.

2) Tus bíceps: Los bíceps siempre ceden antes que la espalda. Incluso con una forma impecable, la mayoría de la gente jalan excesivamente con los bíceps cuando entrena la espalda sin darse cuenta. Como resultado, la espalda nunca se activa realmente, por muy perfecta que sea la forma. A veces los bíceps son demasiado fuertes y superan el movimiento.

3) Problema de mantenimiento: Cuanto más músculo desarrolles en la espalda, más calorías y proteínas necesitarás para mantenerla y crecer. Puede que sólo crezcas en zonas de bajo impacto visual, lo que hace que parezca que tu espalda está poco desarrollada.

Cada ves que te encuentres con problemas en tu entrenamiento, se requiere resolver cada problema de forma precisa. Lo que describo son pautas para ayudarte en tu enfoque de entrenamiento. No es necesario que lo hagas de la forma que describo estrictamente. Mientras entiendas el concepto y lo adaptes a tu estilo, ganarás mas experiencia. Si puedes encontrar una forma mejor, por favor, hazlo. La eficiencia y la búsqueda de formas mejores es de lo que se trata este libro. Así es como he resuelto los problemas anteriores:

Solución para el número 1: Descarte el impulso de entrenar en todos los ángulos. En lugar de ello, concéntrese en dos ángulos principales utilizando los principios del caos discutidos en los capítulos de la Parte 1. Para el primer ángulo enfócate en el Dorsal Ancho haciendo tirando hacia el pecho con agarre ancho por encima de la cabeza en una máquina de cable o algo comparable. Para el segundo ángulo céntrate en las Dorsales Inferiores. El músculo que se une a la parte inferior de la espalda. Los tirones por encima de la cabeza con agarre al revés, en los que la barra golpea el centro del pecho mientras se conduce con los codos cerca de la cintura, se dirigen perfectamente en atar el músculo a la cintura. Investiga los entrenamientos dirigidos al atar la dorsal inferior a la cintura. Hay muchos videos en la red que son avanzados y útiles.

DORSAL INFERIOR

Resolviendo el número 2: Pre-agota sus Dorsales Anchas con tirones de Brazos Rectos en Polea Alta usando barra recta (Llamada "Pullover" Tambien). No me refiero a unas pocas series para entrenar. Destruye tu espalda haciendo esto usando los principios del caos. Luego puedes proceder a concentrarte en la dorsal ancha o inferior. Tu espalda se activará mucho mejor, y cualquier ayuda no deseada de los bíceps se convierte en una ventaja.

PULLOVER DE POLEA PARA AISLAR
ESPALDA

Resolver el #3: Quieres elegir tus deficiencias estratégicamente. El truco es tener una Espalda visualmente perfecta. Su espalda parecerá completamente desarrollada. Lograr esto garantizará que otras partes crezcan proporcionalmente. Con menos volumen innecesario en tu espalda tus recursos de nutrición se destinarán a hacer crecer otras zonas como los hombros, el pecho, y los brazos.

Ahora que hemos resuelto estos tres problemas, aplicar las soluciones para crear un programa optimizado se vuelve mucho más sencillo. En contra de la creencia popular, no hay razón para invertir la mayor parte de nuestro tiempo en entrenar la espalda. La mayoría de la gente pasa más de una hora entrenando con resultados mínimos. Le mostraré cómo hacerlo más rápido para obtener el máximo efecto sin las deficiencias asociadas al ejercicio prolongado. Unos 30 minutos serán suficientes, lo que le dará tiempo para entrenar los Deltoides Posteriores (atrás), los Bíceps y los Trapezius, en ese orden. Después de completar los tirones de brazos rectos que se indican a continuación, debe elegir entre los tirones para dorsal ancho o los tirones para dorsal inferior. No ejecute ambos. Hay una razón específica para ello que explicaré más adelante. Por ahora, elija donde es más débil y requiere más crecimiento/desarrollo.

Así que comencemos con la parte de la espalda de tu entrenamiento. Recuerda que lo que te muestro a continuación es sólo un ejemplo. Utiliza tus principios de caos para ajustar los ritmos, o mezcla y combina como quieras. Ya estás lo suficientemente avanzado para pensar como un técnico. Nada es inamovible, y lo que aparece a continuación es sólo mi preferencia. La estructura de cada serie será algo así:

Pullover con Polea (2 series de calentamiento; 4 series de trabajo):

1) Calienta con un peso lo suficientemente ligero como para realizar 20 repeticiones de manera eficiente y sentir una ligera quemadura. No te acerques al fallo.

2) Otra serie de calentamiento con el mismo peso y el mismo concepto.

3) Aumenta el peso un poco. Tira de forma explosiva, contrae 1 segundo y suelta lentamente durante 5 segundos en el negativo. Hazlo hasta el fallo. Flexiona la espalda de forma extrema durante 5 segundos una vez terminada la serie.

4) Aumente el peso a una cantidad moderada ahora. Utiliza el impulso al tirar para aligerar el peso, luego lentamente negative por 5 segundos. Toda esta serie se basa en que el movimiento de tirar sea más ligero que el de soltar. Hazlo hasta el fallo. Vuelve a flexionar durante 5 segundos una vez terminada la serie.

5) Repita el número 4

6) Aumente el peso a un rango pesado. Realiza las repeticiones con potencia y explosividad sin tener en cuenta la contraccion. Sólo haz las repeticiones. Una vez que llegue al fallo, baje rápidamente el peso a la mitad y vuelva a realizar las repeticiones hasta el fallo. Una vez hecho esto, baje rápidamente el peso a la mitad una vez más y vaya hasta el fallo. Flexione la espalda por última vez una vez que haya terminado esta última serie.

Tiron de Polea Para Dorsal Ancho (4 series de poder)

1) El peso debe estar a un nivel moderado. Una vez más, utilice el impulso cuando tire para hacer el peso más ligero. Mantenga y contraiga durante 1 segundo, luego suelte lentamente durante 5 segundos. Lo mejor sería que te centraras en estirar los Dorsales en esa liberación negativa. Toda esta serie se basa en que el movimiento de negativo sea más ligero que el positivo. Hazlo hasta el fallo.

2) Aumenta el peso ligeramente y repite el número 1.

3) Incrementa el peso hasta un rango pesado. Entonces, haz repeticiones hasta el fallo sin preocuparte de nada más.

4)Aumente el peso a una cantidad más pesada ahora. Una vez que llegue al fallo, baje rápidamente el peso a la mitad y vuelva a realizar repeticiones hasta el fallo. Una vez hecho esto, baje rápidamente el peso a la mitad una vez más y vaya hasta el fallo.

Tiron de Polea para Dorsal Inferior (4 series; peso ligero a moderado; más controlado)

1) El peso debe estar en un nivel ligero. 2. Tire regularmente, mantenga una contracción de 3 segundos en la parte inferior y lentamente el negativo durante 3 segundos. Flexiona la espalda de forma extrema durante 5 segundos una vez terminada la serie.

2) Aumente el peso ligeramente y repita el número 1.

3) Con un peso moderado, utilice el impulso al tirar para aligerar el peso. Mantén y contrae durante 1 segundo, luego lentamente el negativo durante 5 segundos. Ayudaría que te concentraras en estirar los Dorsales en esa liberación negativa. Toda esta serie se basa en que el movimiento de positivo sea más ligero que el negativo. Hazlo hasta el fallo. Flexión extrema de la espalda durante 5 segundos

4) Repite el número 3. Una vez que llegues al fallo, baja el peso a la mitad rápidamente. Llega al fallo de nuevo y baja el peso una vez más a la mitad. Vuelva a llegar al fallo.

Esos ángulos verticales revelados arriba le darán a su espalda una apariencia visual como si realizara todos los ángulos. Tu parte superior se verá amplia desde la vista trasera y frontal y también se atará bien a tu cintura. De la vista del lado, tu Espalda se verá gruesa debido a que tus Tríceps se topan contra tus Dorsales Anchos. Inadvertidamente, tus Tríceps también se verán más grandes desde esa vista lateral debido a los Dorsales Anchos que empujan contra ellos. Así que seguir tu rutina de Empuje correctamente para la parte de los Tríceps tiene beneficios indirectos en la visual general - creando esa hermosa y poderosa estética que sólo unos pocos tienen. Con este conocimiento y sabiduría, sin duda serás parte de esos pocos.

DIA DOS: TRAYECTORIA DE RUTINA

ESPALDA	DELTOIDE POSTERIOR
Ejercicio #1: • Pullover con Polea (2 series de calentamiento; 4 series de trabajo): *Ejercicio #2* • Tiron de Polea Para Dorsal Ancho (4 series de poder) *Ejercicio #3:* • Tiron de Polea para Dorsal Inferior (4 series; peso ligero a moderado; más controlado)	*Ejercicio #4:* • Capitulo 7
BICEPS	**ANTEBRAZOS Y TRAPECIOS**
Ejercicio #5: • Capitulo 8	*Ejercicio #6:* • Capitulo 8

Capítulo 7: Deltoide Posterior (Hombro Trasero)

¿Cómo es posible que un músculo que necesita pocas series sea uno de los más difíciles de desarrollar adecuadamente? La cabeza posterior del hombro, o Deltoide Posterior (atrás) como se conoce comúnmente, es un músculo de este tipo. Por desgracia, esta parte infravalorada rara vez es el objetivo principal de un levantador. Se puede entrenar en menos de 10 minutos, pero puede llevar años conseguir la sensación adecuada para activar el crecimiento. Como resultado, los Deltoides Posteriores se entrenan al final del entrenamiento o se evitan por completo. Después de este capítulo, ese ya no será tu caso. Se convertirán en la prioridad número dos después de que sus dorsales sean meticulosamente dirigidos en esos ángulos críticos. Los músculos más atractivos, como los bíceps y el pecho, reciben toda la atención, y con razón. Sin embargo, los hombros traseros determinarán en qué momento se estabilizan esos músculos sexys, además de algunos otros. Cuando te sientas en la banca para entrenar pecho, pueden ayudar a que el peso se sienta más ligero de lo que es. Esa sensación de ligereza también se produce al realizar cualquier otro movimiento de estabilización. La sensación de mayor ligereza del peso aumentará tu confianza en el levantamiento y empuje del ejercicio, una especie de beneficio psicológico en sí mismo. Una vez que los deltoides traseros estén adecuadamente desarrollados, tus brazos y hombros manifestarán una calidad superior pocas veces vista.

Antes de lo que acabo de mencionar se convierta en tu poderoso prioridad, tienes que empezar a pensar en términos de aislamiento para alcanzar ese nivel superior. Este beneficioso proceso de pensamiento es lo que utilicé para resolver el problema del desarrollo de los deltoides traseros para mí. Y tú también puedes utilizarlo de forma efectiva. Una vez que te enseñe este proceso de pensamiento, puedes usarlo a tu discreción cuando intentes otros entrenamientos en los que predominen los músculos rebeldes. El principal problema de los deltoides posteriores de baja calidad es la falta de entrenamiento efectivo cuando se afrontan. Un problema secundario en la falta de aislamiento en la zona objetivo es el enfoque es los movimientos compuestos. El truco es aislar lo más posible utilizando la posición de agarre adecuada en la máquina, colocada para los deltoides traseros en lugar del pecho. La posición del brazo funciona mejor en ese agarre cerrado, por arriba, donde tus pulgares se tocan. La posición de tus brazos debe estar perfectamente alineada con tus Deltoides Posteriores, ni más arriba ni más abajo. Saber esto es el primer paso. Hay un segundo paso que implica el otro agarre donde las palmas se enfrentan como si fueras a aplaudir. La posición inicial es similar a la posición final de aperturas en maquina para pecho cuando se contrae. Ten en cuenta estas dos posiciones de las manos mientras describo cómo utilizar el Enfoque de Aislamiento.

Sí estas parado con el torso paralelo al suelo usando mancuernas para realizar Volantes de Deltoides Posteriores, el movimiento de aislamiento es el agarre sobre las manejas con los pulgares uno al lado del otro. Si puedes hacer mancuernas de 10lb/4.5kg hasta el fallo durante 12 repeticiones, usando el agarre que acabo de describir, y 12 repeticiones hasta el fallo usando el agarre con palmas enfrentadas usando mancuernas de 20lb/9.1kg, entonces eso significa que el primer agarre te da un nivel de aislamiento extremadamente alto comparado con el segundo. Siendo capaz de empujar más peso no siempre es algo bueno. Cuando alineas el movimiento de tus brazos perfectamente usando el agarre con las palmas enfrentadas, un peso más pesado será necesario para alcanzar el fallo. La mayor capacidad de peso debería indicarte que hay una falta de aislamiento en los deltoides traseros, y que los trapecios/dorsales podrían estar involucrándose.

No necesitarás tanto peso usando el agarre por encima. Para simplificar las cosas, sigue estas pautas usando la maquina. Usa la misma que usaste para las Aperturas de pecho. Pero colocada para entrenar tus Deltoides Posteriores. Es todo lo que ocupas:

ENCIMA DE
LAS MANEJAS

Serie #1: Haz que el agarre sobre las manejas sea un movimiento positivo intensivo, ya que está aislado. Jale para conseguir altas repeticiones sin preocuparte demasiado por el negativo (cuando las manos se alejan) o por mantener una contracción al final de la repetición - Flexiona los hombros traseros después de cada serie.

Serie #2: Con el agarre en que las palmas estan enfrentadas, has el el ejercicio enfocado en el movimiento negativo (las manos alejandose lentamente). Las dorsales estarán involucrados en el movimiento positivo, pero no importa porque su enfoque será el negativo más lento en el nivel de peso más alto. Flexiona los deltoides traseros después de cada serie.

Serie #3: Combina #1 y #2. Ve hasta el fallo en el agarre por encima de las manejas. Sin descansar, cambia a un agarre con las palmas enfrentadas y continúa la serie. Flexiona los delantales traseros después de cada serie.

Serie #4: Combine los números 1 y 2. Haz una serie pesada con las palmas enfrentadas hasta el fallo, baja el peso a la mitad rápidamente y vuelve a llegar al fallo. En la siguiente serie, cambia a un agarre por encima de la manejas y repite el mismo proceso.

Sólo necesitas cuatro series. El hombro trasero ya esta calentado y un poco trabajado cuando entrenaste dorsales. Después de completar la parte de espalda de este libro, asegúrate de saltar directamente a los hombros traseros, siguiendo las pautas anteriores. Más de tres series te llevarán persistentemente al terreno de las "series desperdiciadas" en el que se encuentra la mayoría de la gente. Para evitar esta caída, debes preguntarte si la serie que vas a hacer es necesaria. Hay una gran diferencia entre esforzarse más allá de tus límites y alargar un entrenamiento ineficaz para sentirte realizado. Asegúrate de crear tu estructura para esas tres series. Y no olvides aplicar también los principios del caos. Sé creativo y hazlo tuyo. Usando el agarre por encima de las manejas, aísla esos deltoides traseros tanto como puedas. Y asegúrate de utilizar el agarre con las palmas enfrentadas para continuar la serie cuando el objetivo aislado llegue al fallo.

DIA DOS: TRAYECTORIA DE RUTINA

ESPALDA	DELTOIDE POSTERIOR
Ejercicio #1: • Pullover con Polea (2 series de calentamiento; 4 series de trabajo): *Ejercicio #2* • Tiron de Polea Para Dorsal Ancho (4 series de poder) *Ejercicio #3:* • Tiron de Polea para Dorsal Inferior (4 series; peso ligero a moderado; más controlado)	*Ejercicio #4:* • Capitulo 7
BICEPS	**ANTEBRAZOS Y TRAPECIOS**
Ejercicio #5: • Capitulo 8	*Ejercicio #6:* • Capitulo 8

Capítulo 8: Brazo (Bíceps)

Aparte del pecho y los hombros, uno de los músculos más codiciados son los bíceps. Mi esperanza para este capítulo es aumentar tu conocimiento íntimo de ellos. Su comprensión será tan profunda que nada le impedirá construirlos en la forma que desee. La mayor parte de la información que proveeré no puede ser encontrada en ningún otro lugar. Los campeones esconden este conocimiento. Así que mientras todos los demás están haciendo lo mismo, de las mismas fuentes, obteniendo los mismos resultados, usted tendrá algo único que ellos no pueden igualar.

Puede que hayas oído hablar de la forma adecuada para los bíceps y la hayas aplicado en el pasado, con resultados inferiores. Pero lo que pronto leerás va más allá de la forma adecuada. Serás un artista, y tus bíceps serán tu lienzo. Te convertirás en un experto en conseguir cualquier tamaño, forma o definición estética que desees.

La forma correcta de enfocar un músculo puede ser a veces subjetiva. El levantamiento, creo, es más arte que ciencia. Hay un ritmo y una habilidad particular detrás de cada movimiento y la concentración que lo acompaña. Hay un estilo y una belleza en ello. La ciencia y la estructura sólo complementan el arte, pero no pueden sustituirlo. El aspecto científico se ha apoderado de los procesos de levantamiento de pesas y de transformación de la composición corporal. En cambio, la psicología artística se está dejando de lado por completo. Este descuido es un gran error. Una vez que te enseñe la lógica que hay detrás de cada movimiento, depende de ti convertir tu pieza de arcilla en una obra de arte. A continuación, te indicaré la cantidad de pintura que debes utilizar en tu pincel y en cada parte del lienzo. Demasiado color sin una pincelada fina hará que tu pintura no sea atractiva. Piensa en el pecho, los hombros y los brazos de la misma manera: la cantidad adecuada, con la intención adecuada, en el lugar adecuado.

He aprendido la mayor parte de esta información en pequeños fragmentos a lo largo de los años. Por fin tengo la imagen completa con cada fragmento de información, y mi pasión por compartir esto contigo es inigualable. Esos fragmentos son similares a las piezas de un rompecabezas. Algunos de ustedes podrían tener sólo algunas piezas, y otros podrían tener las piezas incorrectas. Cualquiera de las dos verdades nos daría una imagen equivocada. A continuación te proporcionaré unos cuantos fundamentos de sentido común. Si sigue estos diez fundamentos, sus bíceps se transformarán. Se explican a continuación por prioridad. Así que vamos a ello.

10 Fundamentos del Bíceps:

1) Dirige todo el Bícep alineando tu muñeca perfectamente con él. Esto permitirá que tu Bíceps crezca de manera uniforme. Imagina una línea invisible desde el centro de tu Bicep que va hasta la mitad de tu muñeca. Después as el rizo perfectamente alienado. Usar la barra EZ (se mira como "W") para hacer rizos con las manos a un ángulo rompe esta regla.

2) Lo mejor sería tener una tensión constante en la parte superior e inferior del movimiento. Contrae y aprieta en la parte superior. Luego, al bajar, cuando el bíceps llegue a su punto más bajo, asegúrese de que no tenga ningún descanso. Mantenga la tensión también en la parte inferior. El bíceps debe tener una tensión constante. Los rizos de bíceps individuales que se alternan entre un brazo y el otro rompen esta regla (usando mancuernas). Uno de ellos trabajando mientras que el otro simplemente está colgando, descansando. Deja de hacer esos rizos alternados de esa manera. Si utilizas mancuernas, asegúrate de hacer el ejercicio con ambos

brazos simultáneamente. Hacer rizos con las dos manos también es más eficaz. Se tarda menos de la mitad de tiempo en comparación con hacer rizos de bíceps con una sola mancuerna a la vez.

3) El rango completo positivo debe tener un aislamiento completo. El movimiento positivo es de donde vendrá el 60% de su progreso. La mayoría de la gente comete el error de curvar los antebrazos ligeramente al principio y a la mitad del movimiento. Incluso los movimientos ligeros del antebrazo deben evitarse. Piensa en tu antebrazo sólo como una extensión del brazo. Debe estar recto y fijo desde el comienzo de la acción hasta el final. El sentido común dicta la fuerza que tiene tu antebrazo. Piénsalo: los antebrazos se utilizan para todo. Cuando haces un rizo, si mueves el antebrazo aunque sea un poco, son libras/kgs que se quitan de la tensión que debería haber ido al los Bíceps. Aísle el bíceps manteniendo los antebrazos completamente rígidos y rectos. Con zero movimiento. **NO MUEVAS LAS MUÑECAS**. Veras que se activa mejor el Bicep.

4) Todo el rango negativo será alrededor del 40% de su progreso. Después de la contracción, cuanto más despacio baje, mayor será el porcentaje al que se dirija. Puede utilizar el concepto de que el movimiento positivo es más ligero que la parte negativa de la fuerza del Capítulo 1 para crear nuevas fibras musculares si el peso no es lo suficientemente pesado como para arriesgarse a una lesión, normalmente entre el 50% y el 60% de su máxima repetición. Puedes hacer un poco de trampa al subir. Y después baja muy lentamente. Enfoca toda la serie y cada repetición haciendo eso. Enfocado en lo negativo. Los positivos más ligeros y los negativos más pesados acabarán con ese 40% y crearán nuevas fibras musculares - sólo un pequeño truco para que lo tengas en cuenta. El mismo concepto se puede aplicar a otras partes. Encontrar maneras para hacer el peso positivo más ligero que el negativo es es un arte de creatividad.

5) El medio rango positivo aísla aún más. Empezar los rizos desde el medio rango, con los antebrazos paralelos al suelo hasta el pico, elimina el problema de la implicación de los antebrazos. La

desventaja es la falta de rango completo y de estiramiento en el bíceps en la parte inferior. Para maximizar el efecto de este principio, realice el Método de La Bomba de Poder con rizos de medio rango utilizando la barra corta en la máquina de cable. Es seguro, rápido y eficaz. La bomba de Poder a medio rango también creará nuevas fibras, aumentará su vascularidad y agotará el glucógeno rápidamente. Recuerda que el agotamiento del glucógeno tiene el mismo efecto que una dieta baja en carbohidratos.

6) Flexiona y contrae tus bíceps después de cada serie. Flexionar y contraer mantendrá un pico fantástico. Asegúrate de apretar hasta el extremo durante al menos 10 segundos. Recuerde Arnold utilizando esta estrategia después de cada set muscular para proporcionar tamaño y definición adicional.

7) La parte inferior del bíceps también es esencial. Le da ese increíble aspecto redondo que se une al antebrazo. Tiene una belleza estética que trasciende el tamaño. Para conseguirlo, debes centrarte en todo el rango y mantener la tensión en la parte inferior tanto como

sea posible. Un buen truco es hacer 20 repeticiones parciales concentrados en el cuarto inferior del bíceps.

8) Lo mejor sería conseguir vascularidad, tensión y separación desde el hombro hasta el antebrazo. Consiga esto haciendo series de alta repetición. El rango de repeticiones debe ser de unas 20-30 repeticiones, en las que el fallo se produce en algún punto intermedio. El rango completo usando La Bomba de Poder en maquina de cable también funciona.

9) Para hacerlo mas grueso has rizos de martillo pesado o La Bomba de Poder usando la cuerda en forma de martillo en la máquina de cable.

10) Prioriza el peso pesado para los bíceps. Pero asegúrate de terminarlos con La Bomba de Poder o 1 serie de alto rango de 20-30 repeticiones. Te daré variaciones al final del capítulo, para que sepas exactamente cómo y cuándo ir pesado o ir con altas repeticiones.

ENTRENA AMBAS
MANOS USANDO
MANCUERNAS

NO ENTRENES
INTERCAMBIANDO DE
MANOS

USANDO LA BARRA
ES MAS EFFECTIVO

RIZOS DE MARTILLO

BOMBA DE PODER EN CABLE

BOMBA DE PODER
ESTILO MARTILLO
USANDO CUERDA

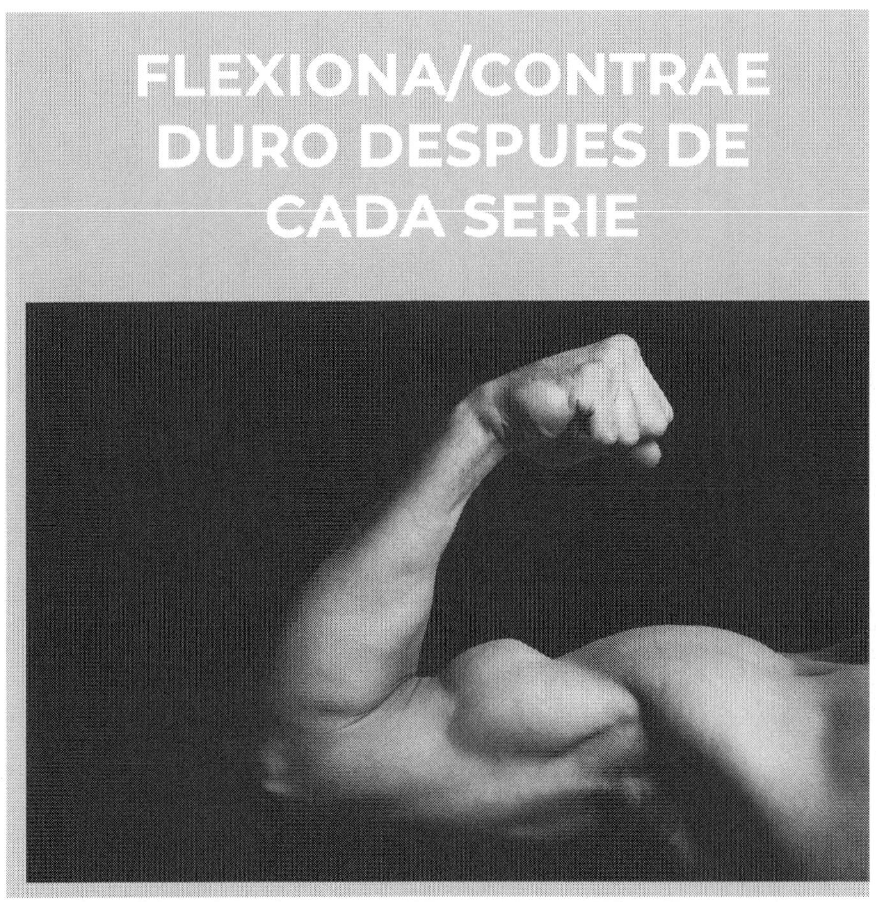

Sí, lo sé. Esos son muchos fundamentos. El entrenamiento de los bíceps, aparentemente sencillo, es un proceso complejo. Ahora ves por qué la mayoría de la gente nunca logra el tipo de desarrollo de bíceps que anhelan. Intentarlo requeriría algún tipo de sabiduría con respecto a los fundamentos expuestos. Articular este conocimiento no es una tarea fácil. Los profesionales con un alto nivel de experiencia tienen dificultades para explicar dicho proceso. Puede que sepan cómo entrenar los bíceps, pero articular tales complejidades no resulta fácil. Ahora que tiene esta información, puede ejercitar sus bíceps según sus necesidades. Al igual que en los capítulos anteriores, presentaré dos variaciones para facilitar tu recorrido por el proceso. Desarrollar suyos adicionales es fundamental. Las dos variaciones son las siguientes:

➢ Tamaño y Fuerza (siga los principios)

- Haz un calentamiento ligero de 10 repeticiones usando mancuernas de 5lb-15lb (2.3kg-6.8kg). Incluso si eres poderoso, quedate en ese rango.

1) Calentamiento ligero

- Proceda con dos series de "sensación". Las series de sensación facilitan el camino hacia esas series de poder. Cubrimos este concepto en el Capítulo 1. El propósito de estas series no es ir al fallo. El objetivo es prepararse. Ajuste su peso de acuerdo con su nivel de fuerza. Utilice mi concepto como guía. Mis series de preparación se parecen a esto (Ajusta el proceso a tu nivel. La estructura es lo que importa y no la cantidad de peso) :

2) Sólo con la barra (45lb/20.4kg) haciendo 10 repeticiones cuando mi fallo es de 20.

3) Barra + 10lb (4.5kg) cada lado (65lb/29.5kg total) para 7 repeticiones cuando mi fallo es de 18.

- Estas serán sus series de poder. Utilice el enfoque centrado. El objetivo es llegar lo más cerca posible de su maxima repeticion al maximo peso con buena forma. Intenta llegar a tu máximo de 3 repeticiones para empezar. Luego el peso se reducirá para mantener un nivel de fallo pesado. Sus músculos sólo entienden lo pesado, no necesariamente un número de peso específico. Reducirás el peso ligeramente para engañar a tus músculos para que piensen que es la misma resistencia que antes:

4) Barra + 35lb/15.9kg a cada lado (115lb/52.2kg) haciendo 3 repeticiones al fallo

5) Barra + 45lb/20.4kg a cada lado (135lb/61.2kg) haciendo 1-2 repeticiones al fallo

6) Barra + 35lb a cada lado (115lbs) haciendo 1 repetición al fallo.

7) Barra + 25lb/11.3kg a cada lado (95lb/43.1kg) haciendo las maximas repeticiones como sea posible.

- Debido a la baja intensidad de estas series centradas en la fuerza y el tamaño, prefiero una serie rápida, de alta intensidad y con muchas repeticiones. Por lo tanto, voy a un ataque total.

8) El método La Bomba de Poder en la máquina de cable es el que utilizo.

➢ Definición, Vascularidad y Separación

- Haz un calentamiento ligero de 10 repeticiones utilizando mancuernas de 5lb-15lb. Incluso si eres muy fuerte, mantente en ese rango.

1) Calentamiento

- Estas series se alternan en pares. El total es de 6 series. Realizarás curls regulares utilizando mancuernas para cada mano. En mi caso los pesos son mancuernas de 15lb, 20lb y 25lb/11.3kg. Alterne con los rizos de martillo utilizando el mismo peso. Aumentarás el peso y repetirás el proceso. Descansa como máximo un minuto después de cada serie.

2) 15lb/6.8kg Rizos Regulares haciendo 20-30 repeticiones, donde el fallo se produce en el medio.

3) 15lb de Martillo haciendo 20-30 repeticiones, donde el fallo se produce en el medio

4) 20lb/9.1kg Regular haciendo 20-30 repeticiones

5) 20lb Martillo haciendo 20-30 repeticiones

6) 25lb /11.3kg Regular haciendo 12-20 repeticiones

7) 25lb Martillo haciendo 12-20 repeticiones

Incluso si no se le ocurren sus propias variaciones, las dos que acabo de proporcionar desarrollarán sus bíceps a un alto nivel. Esas dos variaciones son mis favoritas. Una cosa que puede ayudarte es pensar en tus bíceps en términos de partes. Piensa en el conjunto, la parte superior y la parte inferior. Asegúrate de mantener siempre la tensión a lo largo de todo el movimiento, de arriba a abajo. Los bíceps no debe descansar en ningún momento. Enfócate en la poder con un control total, y luego en la repeticións altas o en la bomba de poder para acabarlos completamente. Ahora tienes las herramientas para conseguir esos fantásticos bíceps que siempre has querido.

Trapecios y Antebrazos: Lo que hace que el enfoque del entrenamiento sea tan bueno es el beneficio indirecto de cada día de entrenamiento. Al pasar de cada entrenamiento al siguiente, los músculos que siguen en el proceso se han calentado o han trabajado ligeramente, lo que reduce el tiempo de espera entre series y evita perder series sin ningún beneficio. Cuando entrenas la espalda, los bíceps se calientan, los deltoides posteriores se trabajan ligeramente y los trapecios se trabajan ligeramente. Cuando pase a los deltoides traseros, los bíceps trabajarán un poco más y los trapecios también trabajarán un poco más. Los antebrazos reciben un efecto de contracción/estática cuando pasas a los bíceps. El proceso optimizado es la razón por la que pasar 20-30 minutos entrenando trapecios y antebrazos después de todos esos entrenamientos causará sobreentrenamiento y series desperdiciadas sin ningún beneficio.

El objetivo es un total de 5 series de 10 minutos para ambos. Haz siempre primero los trapecios. Podrían ser 3 series para los trapecios y 2 series para los antebrazos. Si hace una serie la bomba de poder para los trapecios y 2 series para los antebrazos, entonces debería completar ambas en 5 minutos. Esto es más eficiente, pero asegúrese de alternarlo. O a la inversa. Estos son los principios para maximizar tus ganancias para esas dos partes del cuerpo al final de tu entrenamiento. No es necesario entrenar esas dos partes hasta que te acostumbres a la rutina completa. Empiza a entrenar las dos partes en unos varios meses. Desarrolla primero todas las demás partes.

Antes de comenzar la increíble Piernas de este libro. Tengo que dejarle saber del libro increíble que publiqué un año después de este. Para maximizar sus esfuerzos de este libro, asegúrese de obtener **Musculacion y Culturismo: Guía de Suplementación Perfecta**. Tiene toda la información que usted necesitará siempre cuando viene a la suplementación para el crecimiento del músculo, y a la nutrición también para cualquier tipo de cuerpo que usted desee. El libro se basa en 10 años de estudio y de experiencia en miles de personas de principiantes a levantadores de pesas avanzados. Si deseas tener un cuerpo increíble que otros envidiarán, entonces no puedes perderte este libro. Por favor, consíguelo. Es el mejor libro en Español de su clase en el mundo. Créame. Será una de las mejores compras que hayas hecho. No se arrepentirá.

Musculación y Culturismo
GUÍA DE SUPLEMENTACIÓN
BARBELL
20.4 KGS
45 LBS
STANDARD
PERFECTA
Escrito Por
Ricardo Alvarez

DIA DOS: TRAYECTORIA DE RUTINA

ESPALDA	DELTOIDE POSTERIOR
Ejercicio #1: • Pullover con Polea (2 series de calentamiento; 4 series de trabajo): ***Ejercicio #2*** • Tiron de Polea Para Dorsal Ancho (4 series de poder) ***Ejercicio #3:*** • Tiron de Polea para Dorsal Inferior (4 series; peso ligero a moderado; más controlado)	***Ejercicio #4:*** • Capitulo 7
BICEPS	**ANTEBRAZOS Y TRAPECIOS**
Ejercicio #5: • Capitulo 8	***Ejercicio #6:*** • Capitulo 8

Capítulo 9: Piernas (Cuadriceps)

Romper la barrera genética en la búsqueda de piernas de mayor nivel será alcanzable con este libro. No tienes que envolver tus rodillas como una momia, llevar una enorme bolsa de gimnasio como si fueras a acampar, o realizar insoportables sentadillas a niveles peligrosos. Los métodos de este libro son eficientes y efectivos. No hay series ni repeticiones desperdiciadas.

Se acabaron los días en los que la gente no hacía ejercicios de piernas y sólo se centraba en la parte superior del cuerpo. Las piernas se han convertido en un símbolo de estatus para los logros de alto nivel en cuanto a levantamiento. La mayoría de las personas que utilizan mis libros o buscan asesoramiento acuden a mí como último recurso. Siempre me he preguntado por qué. Su voluntad y su base de conocimientos estaban ahí. Pero los conceptos erróneos, la falta de eficiencia y la genética les frenan. Los libros y los métodos de entrenamiento en esta publicacion resuelven todos esos problemas. Mi objetivo es guiar su viaje para lograr resultados superiores a los de aquellos con una genética superior, con una fracción del esfuerzo. Tenemos que ser más estratégicos y eficientes para lograr tal empeño.

Arnold Schwarzenegger, el rey del culturismo, tenía un problema genético. La construcción de pantorrillas de alta calidad siempre fue un problema para él. También tenía un problema adicional: era demasiado alto para realizar una sentadilla adecuada. Los culturistas más bajos de estatura tenían más facilidad para realizar una sentadilla completa con más peso y menos riesgo. Arnold tenía que inclinarse excesivamente hacia delante, poniendo siempre en riesgo su espalda baja. Mientras que todos los culturistas a su alrededor podían ponerse en cuclillas con facilidad, a él le costaba ser tan eficaz. Sus piernas eran su punto débil. ¿Qué harías tú en su situación? La mayoría de la gente diría que al diablo, se quejaría de la genética y se resentiría con los que están a su alrededor y se esfuerzan por superar esas deficiencias. Pero él no. Había que resolver un problema que se interponía en su camino para ser un campeón. Arnold resolvió su problema de piernas pre-agotando sus cuádriceps realizando extensiones antes de pasar a un movimiento compuesto como las sentadillas. Parece bastante sencillo, pero la ejecución no lo es. Hay que prestar atención a algunos entresijos.

El ejercicio es una pequeña fracción de lo que necesitas para construir unas piernas excepcionales. Una vez que termines este capítulo, tendrás las herramientas para construir unas piernas superiores a las de aquellos que principalmente hacen sentadillas, reduciendo al mismo tiempo el riesgo y las lesiones de forma significativa. Una vez que domines el pre-agotamiento de tus cuádriceps de forma adecuada y el crecimiento sea consistente, tus piernas se convertirán en tu día de entrenamiento favorito.

Antes de comenzar el proceso de construcción muscular, necesitamos estirar y calentar. Estirar primero y calentar después es demasiado ineficaz. En su lugar, acostúmbrate a estirar mientras haces tus series de calentamiento. Estira los cuádriceps, la pelvis, las caderas y los isquiotibiales, y luego realiza una serie de calentamiento. A continuación, estira una vez más y realiza la segunda serie de calentamiento. Estirar mientras calienta le ahorrará 10 minutos de tiempo en el gimnasio. La eficacia es vital en todo lo que hacemos. Estirar y calentar hará que el peso se sienta mucho más ligero. Estiramientos de 5 a 10 segundos serán suficientes mientras haces tus series de calentamiento. Si estiras más de 10 segundos, podrías fatigar el músculo prematuramente. Tenlo en cuenta para no estirar en exceso.

Me gusta realizar dos series de calentamiento mientras estiro. Primero, estiro los cuádriceps, los isquiotibiales, las caderas y la pelvis. Luego realizo la primera serie de calentamiento. Repito mi patrón de estiramiento y luego realizo mi segunda serie de calentamiento. Lo ideal es realizar quince repeticiones en cada serie de calentamiento con un peso o resistencia muy ligeros. Probablemente te pasaste de peso si sientes un ligero ardor en esas dos series de calentamiento. Si sientes un ligero ardor durante esas 15 repeticiones, has añadido demasiado peso o resistencia. Ajústese a un peso menor para poder realizar eficientemente 15 repeticiones en cada serie de calentamiento sin esfuerzo. Usa 30 a 60 de resistencia. Ese es un rango ideal para tus series de calentamiento. Elige un nivel de resistencia y realiza las dos series de calentamiento con esa elección. Si te decides por 40, entonces quédate con 40. Si crees que es demasiado ligero, utiliza 50 en tu próxima sesión de entrenamiento. O si era demasiado pesada, entonces vaya con 30 la próxima vez. No lo pienses demasiado. Lo ideal es descansar dos minutos entre las series de calentamiento. Tus series de calentamiento deberían ser algo así:

1) Estiramiento y luego 15 repeticiones a 40 de resistencia

2) Estiramiento y 15 repeticiones a 40 de resistencia

Una vez que te sientas calentado, suelto y listo para empezar, debes duplicar el peso para comenzar tu primera serie de trabajo. Si has leído Despues de leer el Capitulo Uno, estas familiarizado con el concepto de "serie de sensación". Esa serie establece el tono para las siguientes series de mayor nivel. Por supuesto, siempre hay una inconsistencia con respecto a la primera serie de sensación. Algunos días se siente más ligero, y otros días puede sentirse un poco más pesado. Esta inconsistencia ocurre porque tal vez podrías haber dormido mejor o haber comido mejor. O tal vez sus niveles de energía son más bajos en este día en particular. O es probable que ocurra lo contrario, y que hoy se sienta fuerte y vigoroso. ¿Quién sabe? Esa primera serie de sensaciones te permitirá saber con qué agresividad debes aumentar el peso en tus siguientes series. O si deberías relajarte sabiamente.

Durante esta serie, tu principal objetivo será la contracción. En la parte superior del movimiento, contrae durante 1 segundo, y luego baja a cualquier ritmo que desees. Mantenga la tensión en cada repetición. La mayoría de las personas cometen el error de perder la tensión y dar al músculo entrenado un descanso ineficaz. Evite ese tipo de descanso inútil si es posible. El descanso del músculo se produce cuando las placas tocan en la maquina. Cuando eso ocurre, el músculo deja de trabajar, dándoles un pequeño descanso mientras realizas las repeticiones. NO DEJES QUE LAS PLACAS SE TOQUEN. Mantener la tensión de esta manera es una buena regla general para cualquier músculo que entrenes. Mantén siempre la tensión y haz que el músculo trabaje. Tu entrenamiento será mucho más eficaz si mantienes una tensión constante.

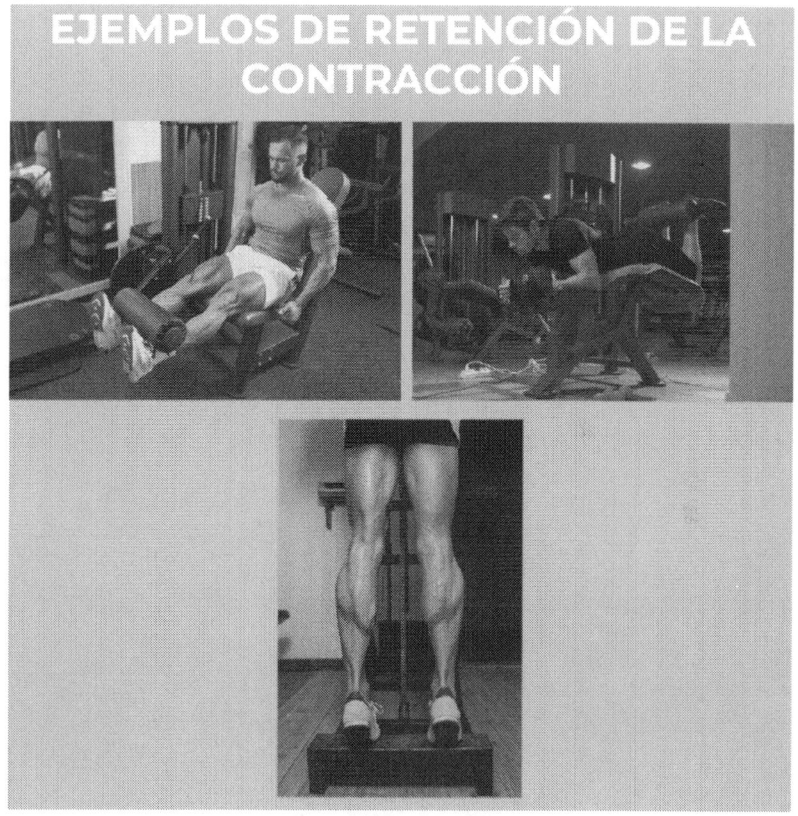
EJEMPLOS DE RETENCIÓN DE LA
CONTRACCIÓN

Durante todo el proceso, asegúrate de no contar las repeticiones. El recuento no debe ocupar ningún aspecto de tu atención. En su lugar, concéntrese en la contracción y en mantener la tensión. Cuando empiece a sentir ese doloroso ardor, continúe con 3-5 repeticiones más. Esas 3-5 repeticiones son su punto de fallo. Una vez que termines la serie, levántate, flexiona y contrae los cuádriceps por 10 segundos. Acostúmbrese a hacerlo. Ese hábito de flexión le dará una separación adicional y aumentará el tamaño de sus cuádriceps. Contraer/flexionar después de cada serie es un método infravalorado que rara vez se utiliza. Aprovecha la oportunidad.

Cómo te sientas durante tu primera serie determinará el alcance y el esfuerzo de tu segunda serie. Habrá momentos en los que tus niveles de energía sean más bajos o te sientas más débil. En esos momentos, aumente el peso en uno o dos niveles. Así, si tiene la resistencia en 80 , auméntelo a 90 o 100. Puedes aumentar 3 o 4 niveles si te sientes fuerte y con mucha energía - Aumentando de 80 a 110 o 120.

El enfoque de su segunda serie de trabajo será la parte de fallo negativo. Haz un rizo explosivo, contrae ligeramente durante medio segundo y baja lentamente por 5-7 segundos. A medida que aumente las repeticiones durante la serie, sólo podrá bajar lentamente durante unos 3-5 segundos, y luego 1-3 segundos. Concluye cuando el peso baje razonablemente rápido sin poder controlarlo. Abstente de contar tus repeticiones y contrae después de tu serie. Concéntrese únicamente en el movimiento negativo y mantenga la tensión.

La siguiente serie de trabajo (tercera serie) se centrará en la potencia, el fallo positivo y el movimiento parcial añadido. Su único enfoque es rizar, no es necesario concentrarse en la contracción o en el negativo. Aumente el peso de 2 a 4 niveles y realice tantas repeticiones como sea posible. Una vez que llegue al fallo, haga una pausa en la parte inferior del movimiento mientras mantiene la tensión y realiza parciales. Asegúrese de realizar 20 repeticiones para esas parciales. Cuando termine la serie, flexione una vez más.

La cuarta y última serie de trabajo requerirá una gran dosis de intuición. Puede decidir aumentar el peso o dejarlo donde está. En esta última serie sólo deberías ser capaz de realizar unas pocas repeticiones. Diez repeticiones son su máximo. Si supera esta cifra con facilidad, el peso es demasiado ligero. La cuarta serie será su serie de potencia en este proceso de pre-agotamiento. Una vez que luche con esas últimas repeticiones, debe decidir si hace una serie de caída (bajando inmediatamente el peso a la mitad y continuando con las repeticiones); o realiza parciales. Realice parciales en la zona inferior por rodilla necesita un poco de trabajo, o vaya con la serie de caída si quiere más separación y un gran bombeo muscular. También puedes hacer una serie de caídas con el negativo como objetivo principal. Una vez más, baja lentamente durante 5-7 segundos. Este enfoque desarrollará un tejido muscular de mayor calidad. Así que tienes tres opciones para esa cuarta serie. Cualquiera que se sienta bien en el momento, vaya con esa opción. Recapitulemos el proceso completo para tener una mejor idea:

1) Estira y luego 15 repeticiones a 40 de resistencia (puede ser 30,40,50 o 60).

2) Estira y luego 15 repeticiones a 40 de resistencia

3) Doble el peso después del calentamiento, Serie de Sensación y Contraction con enfoque de fallo.

4) Aumente el peso, enfoque de fallo negativo.

5) Aumentar el peso, fallo positivo con parciales añadidos.

6) Aumentar el peso; Serie de Potencia añadiendo Parciales o Serie de Caída o Serie de Caída con Fallo Negativo.

Piensa en el proceso de pre-agotamiento como una aventura. Planificar o preocuparse por el peso que puedes alcanzar o por el número de repeticiones que debes hacer te aleja de lo que hará que tus músculos crezcan. Llegue al fallo en el positivo, en el negativo y en la contracción. Luego añade algo de poder al final. Cubre todas tus bases. La fuerza, el aumento de la potencia, la separación de los músculos y la resistencia se producirán de forma indirecta.

DIA TRES: TRAYECTORIA DE RUTINA

CUADRICEPS	ISQUIOTIBIALES
Ejercicio #1: • Las Seis Series de Pre-Agotamiento en la pagina 162 ***Ejercicio #2*** • *Capitulo 10*	***Ejercicio #3:*** • Capitulo 11
PANTORRILLAS	**ABDOMINALES**
Ejercicio #4: • Capitulo 12	***Ejercicio #5:*** • Capitulo 13

Capítulo 10: Cuadriceps Continuado

Construir piernas potentes y de alta calidad como levantador natural es una tarea difícil. Debes entrenar a niveles más altos de eficiencia para lograr resultados comparables a los de los culturistas que están potenciados. Estoy usando " potenciado" como un eufemismo para lo que quiero decir - esteroides. Los levantadores ávidos no se dan cuenta de que debes entrenar en las mismas condiciones para lograr los mismos resultados que los profesionales o las personalidades famosas que

que se ven en las redes sociales. La verdad de lo que funciona se diluye en aras de la creación constante de contenido. Lo que se ve en Internet son resúmenes con entrenamientos filtrados que parecen emocionantes y cautivadores, pero que rara vez funcionan. La gente quiere emoción y bombo en lugar de algo que funcione. Este capítulo, combinado con el anterior, te ayudará a desarrollar cuádriceps similares, si no mejores, que aquellos que enseñan métodos de entrenamiento filtrados. Las estrategias de este libro no solo funcionan, pero tambien son practicas. Una persona inteligente suele comprobar la eficacia de estos métodos en los primeros días de entrenamiento y rara vez vuelve al las exageraciones.

El exceso de sentadillas haciendo 16-20 repeticiones, utilizando cada fibra de su ser mientras empuja a través de cada serie, no es sostenible. El levantamiento es un estilo de vida y un juego para toda la vida. Y por esas dos razones, la longevidad debe ser tu principal objetivo. Sólo tienes una espalda y un par de rodillas. Muchos jóvenes se han lesionado permanentemente la espalda o las rodillas por hacer sentadillas en exceso. Piensan que es genial ponerse en cuclillas y no lo afrontan con respeto, el respeto que merece un método de entrenamiento tan poderoso. No seas una de esas personas. Sé más inteligente y más sabio. El futuro tú de 70 años te lo agradecerá.

Tus cuádriceps no entienden medidas de peso. Comprenden dos cosas: pesado o no pesado. Con el pre-agotamiento seguido con entrenamiento de poder, estamos engañando a tus cuádriceps para que piensen que el peso es más pesado de lo que es al hacer prensas de piernas o sentadillas. Por lo tanto, cuando hagas sentadillas, prensa de piernas o sentadillas hack con 1 a 2 placas en cada lado, esas placas se sentirán como 3 o 4. Sus cuádriceps pensarán que el peso es más pesado de lo que es y se adaptarán en consecuencia. Se consigue un efecto similar a los que hacen sentadillas con 4 o 5 placas sin agotarse previamente, haciendo a un número insoportable de repeticiones. Eso es lo que hace que el método de pre-agotamiento sea tan poderoso. Seguido con un movimiento de poder como las sentadillas o las prensas de piernas es simplemente un extra. Un beneficio adicional del pre-agotamiento seguido de un movimiento de poder es un menor peaje en la parte baja de la espalda porque hay menos tensión debido al peso más ligero. Aun así, tus cuádriceps no notarán la diferencia.

Digamos que acabas de realizar un fantástico pre-agotamiento del capitolo anterior. Tus cuádriceps tienen un bombeo máximo. Te sientes bien. Mientras piensas en lo bien que te sientes, pasa a tu entrenamiento favorito de cuádriceps basado en el poder. Mi preferencia son las sentadillas hack para mi primera opción, seguidas por la prensa de piernas como mi segunda opción, y luego las sentadillas regulares con barra como mi tercera opción. Si las sentadillas hack están ocupadas, procedo con la prensa de piernas; si la máquina de prensa de piernas está ocupada, procedo con las sentadillas regulares.

SENTADILLAS HACK

Opción #1 Para la Adaptación

PRENSAS DE PIERNAS

Opción #2 Para la Adaptación

SENTADILLAS

Opción #3 Para la Adaptación

Supongamos que compartimos la misma preferencia y procedemos con las sentadillas hack. Usted aborda el entrenamiento con la mentalidad de control, potencia y adaptación. Te recuerdas a ti mismo que debes descartar el enfoque general de esforzarte durante repeticiones insoportables y romper algún récord. Ya te esforzaste durante tu sesión de pre-agoto, ya que lograste todos los niveles de fallo. Así que hacer lo mismo aquí sería redundante. ¿Qué sentido tendría? Procedamos a lo que será cada serie para tu movimiento de poder usando las sentadillas hack como nuestro ejemplo::

Serie #1:

- Comienzo añadiendo una placa de 45lb (20.3kg) a cada lado, pero puedes comenzar con 10 (4.5kg), 25 (11.3kg) o 35 (15.9kg) libras para empezar tu primera serie en busca de la adaptación de los cuádriceps.
- Esta primera serie sirve para "sentir" y para enfocarse negativamente.
- Su objetivo es 10 repeticiones. Ni más ni menos.
- Inicie el movimiento yendo lento en el negativo - todo el

camino hacia abajo durante 5 segundos; esfuércese por un movimiento de rango completo. Consigue un excelente estiramiento.

- Empuje hacia arriba de forma explosiva y repita el proceso hasta llegar a las 10 repeticiones. Detente en las 10 repeticiones, aunque puedas hacer muchas más.
- Descansa 1-2 minutos mientras te preparas mentalmente para la segunda serie.

Serie #2:

- Para su segunda serie, duplique el peso a dos placas en cada lado
- Proceda con 5 repeticiones bien controladas. Descanse durante 1-2 minutos mientras se prepara para la tercera serie.

Serie #3:

- Para su tercera serie, triplique el peso a tres placas en cada lado

- Proceda con 3 repeticiones.
- En este punto está entrando en lo que yo llamo El Rango Crítico. Puedes parar después de tu tercera serie o añadir más peso para hacer una cuarta serie de una repetición.

Serie #4:

- Para su cuarta serie, cuadruplique el peso a cuatro placas en cada lado
- Proceda con una sola repetición

Serie #5:

- Agregue un poco más de peso. Puede añadir 5 libras a cada lado, 10 libras, 15 libras o lo que quiera.
- Proceda con 1 repetición solamente.
- **NO PASE DE 5 SERIES**

La intuición es necesaria después de esa cuarta serie porque puede producirse un elemento de fatiga mental. Terminar en la cuarta serie puede ser el movimiento más sabio. Porque si logras esa fatiga mental durante la quinta serie de adaptación de cuádriceps, tu entrenamiento de isquiotibiales y pantorrillas podría ser menos intenso y enfocado. Tú debes tomar esa determinación después de tu tercera serie. Decide si vas a hacer todas las repeticiones posibles durante tu cuarta serie o si vas a pasar a una quinta serie. Afronta la quinta serie si te sientes con mucha energía y motivación. Si no es así, pasa a los isquiotibiales y utiliza la energía que hubieras empleado en esa quinta serie y aplícala a ellos. Al abordar la adaptación, puede utilizar lo siguiente para guiarse al comenzar su nuevo proceso:

Nivel 1: Una placa de 10lb en cada lado, dos placas de 10lb, tres placas de 10lb, cuatro placas de 10lb, y añadir un poco más de peso para una quinta serie.

Nivel 2: Una placa de 25 libras en cada lado, dos, tres, cuatro, y un poco más de peso para una quinta serie..

Nivel 3: Una placa de 35lb en cada lado, dos, tres, cuatro, y un poco más de peso para una quinta serie.

Nivel 4: Una placa de 45 libras a cada lado, dos, tres, cuatro, y un poco más de peso para una 5ª serie.

Nivel 5+: Siga el mismo patrón que en los niveles anteriores y ajústelo según sea necesario

Asegúrese de reservar la energía mental, física y de motivación para trabajar adecuadamente esos isquiotibiales y pantorrillas. Es posible que decida realizar sólo tres series para el movimiento de poder. Es una decisión absolutamente válida. A veces hago tres, y a veces hago cinco series. Quieres a lo maximo en forma completa, no cada serie. Piensa en ti mismo: "¿Hay algún beneficio en realizar otra serie?" Recuerda el objetivo del movimiento de poder después del preagotamiento. El objetivo es que tus cuádriceps se adapten al estímulo en lugar de ir a por una cantidad absurda de repeticiones. Eso ya lo has conseguido durante la parte de pre-agotamiento. Hay que mantener el balance mental y de esfuerzo siempre. El balance es un concepto excelente para aplicar durante cada entrenamiento. El pre-agotamiento y la adaptación llevarán a tus cuádriceps a otro nivel. Mejora el método si es posible, pero asegúrate de mantener los principios básicos

DIA TRES: TRAYECTORIA DE RUTINA

CUADRICEPS	ISQUIOTIBIALES
Ejercicio #1: • Las Seis Series de Pre-Agotamiento en la pagina 162 ***Ejercicio #2*** • *Capitulo 10*	***Ejercicio #3:*** • Capitulo 11
PANTORRILLAS	**ABDOMINALES**
Ejercicio #4: • Capitulo 12	***Ejercicio #5:*** • Capitulo 13

Capítulo 11: Optimización de Isquiotibiales

Los isquiotibiales tienden a ser un reto para su desarrollo debido a las herramientas disponibles para entrenarlos. Las sentadillas ayudan si usted tiene una inclinación genética para el desarrollo superior de las piernas. Pero la mayoría de nosotros no compartimos esta ventaja. Por lo tanto, unos isquiotibiales increíbles parecen estar fuera de nuestro alcance. Has comprado este libro porque necesitas algo más que métodos estándar o de moda. Lo das todo en cada repetición y en cada serie con la esperanza de que un día tus isquiotibiales se pongan a la altura de tus esfuerzos. Desgraciadamente, los isquiotibiales son músculos testarudos en los que el trabajo duro y el esfuerzo rara vez dan resultado. La estrategia, la concentración y el ser más inteligente te darán resultados superiores, no el puro esfuerzo.

Algunas personas tienen piernas potentes por naturaleza sin el tamaño que justifica esa potencia. Y algunos no consiguen crecer hagan lo que hagan. Yo entro en la categoría de personas con piernas naturalmente poderosas, pero que tienen dificultades para conseguir el tamaño que corresponde a mi nivel de fuerza. Vivir de la potencia, la fuerza y las innumerables repeticiones no es siempre la solución. De vez en cuando se necesita algo de delicadeza.

Aislar todo lo posible es vital cuando persiste el dilema de la falta de desarrollo. Debes convertirte en un maestro del aislamiento - con énfasis en el enfoque. Algunas máquinas rompen este énfasis de la concentración y el aislamiento debido a su diseño - la máquina de rizos de isquiotibiales sentado me viene a la mente como una máquina con un beneficio inferiores. El diseño de esa máquina facilita un movimiento inestable de tirón en lugar del movimiento de rizado que requieren los isquiotibiales. Un resultado no deseado del movimiento de tirón es la tensión constante en la espalda baja debido a la inestabilidad. Si es posible, no utilice la máquina de rizo de isquiotibiales sentado.

MÁQUINA PARA ISQUIOTIBIALES SENTADO

NO LO HAGAS

- Tirantez de la Parte Baja de la Espalda
- Inestable
- Movimiento de Tirón
- Ineficaz

La máquina de isquiotibiales en prono (en la que te acuestas boca abajo) también tiene sus complejidades. No basta con acostarse y realizar repeticiones hasta sentir un buen ardor. Se necesitan métodos específicos y únicos, como la contracción constante durante largos periodos y los movimientos centrados en los negativos. Pero estos tienen que ser con un nivel de peso más alto. Una vez más, la tensión en la parte inferior de la espalda puede ocurrir cuando intentas entrar en esas series más pesadas - series más pesadas requeridas para el crecimiento. Usted ve el dilema aquí. La tensión en la parte inferior de la espalda también puede ocurrir.

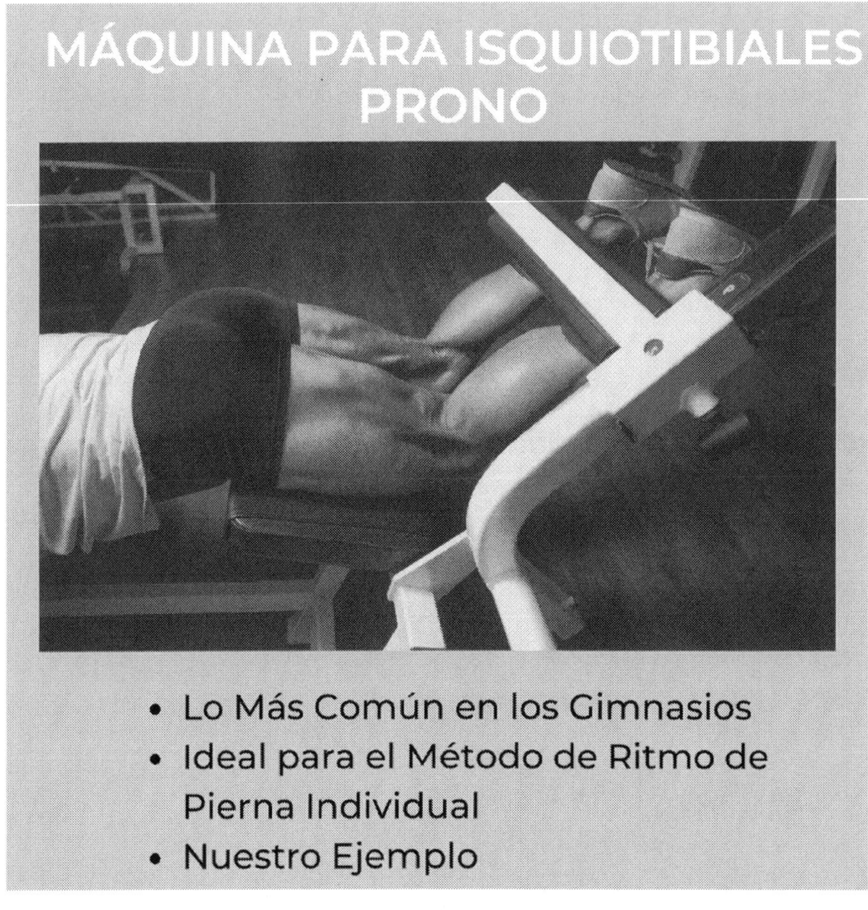

Una forma de resolver el problema de la tensión en la espalda baja es realizar el mismo entrenamiento con cada pierna individualmente. Como el peso es más ligero, el cuerpo tiene una estabilidad superior en general. Debe darse cuenta de que 160 de resistencia en ambas piernas es diferente de 80 para una pierna. Por un lado, tienes 160 que te pesan, y por otro lado, tienes 80 que te pesan. Además de tener un peso menor para una mayor estabilidad, hay otra gran ventaja en el entrenamiento con una sola pierna. La ventaja es la simetría del tamaño de los isquiotibiales y el equilibrio. Cuando rizas los isquiotibiales con ambas piernas, tu pierna dominante tiende a tomar el control, aunque seas muy hábil en el control adecuado. Ninguna de las dos piernas crecerá porque la pierna dominante se fatigará por tomar el control del movimiento, no dándole el estímulo para el crecimiento. Y tu pierna no dominante no obtendrá ningún trabajo que valga la pena debido a que tu pierna dominante toma el control.

Así que, digamos que estás intentando hacer un rizo de isquiotibiales de 160 en la máquina prono. Puede que no lo notes inicialmente, pero tu pierna dominante tira de 100 mientras que tu pierna más débil tira de 60. Este desequilibrio se hace más evidente a medida que tus isquiotibiales se fatigan más. Tu pierna dominante querrá tomar el control cada vez más a medida que aumenten las series, las repeticiones y el peso. Entrenar con una pierna a la vez, empezando por la más débil, la no dominante, mantiene un mayor equilibrio, estabilidad, potencia, control y simetría general.

Ahora que sabes el por qué, pasemos al cómo. Para empezar, debemos calentar con dos series, un proceso similar al pre-agotamiento de la extensión de cuádriceps del Capítulo 1. Tus dos series de calentamiento comenzarán con tu pierna más débil, la no dominante. Incluso si eres fuerte, mantén un rango de calentamiento de 10 a 30 de resistencia. Realice 10 repeticiones mientras se asegura de que su tobillo está alineado con su isquiotibial mientras realiza el rizo. Algunas personas suelen hacer el rizo hacia dentro, hacia el trasero. Y otras suelen curvarse hacia fuera, hacia la cadera. Mantenga el ángulo perfectamente alineado. Si te acuerdas del Capitulo 8, se utiliza un concepto similar para los bíceps. El concepto se basa en mantener la muñeca directamente alineada con el bíceps para una máxima contracción y desarrollo, con absolutamente ningún movimiento de la muñeca. Utilice la misma noción aquí manteniendo el tobillo alineado con el músculo.

Una vez que hagas 10 repeticiones con tu pierna no dominante más débil (la pierna izquierda para la mayoría de la gente), cambia a la pierna dominante e iguala las repeticiones con 10. Para la segunda serie de calentamiento, puede aumentar el peso un nivel o mantenerlo en el nivel actual. A continuación, repita el proceso haciendo rizos con la pierna más débil y luego con la más fuerte. Una vez que haya terminado el calentamiento, lo siguiente consiste en centrarse en cinco series excepcionalmente efectivas.

Las series excepcionalmente efectivas requieren un mayor nivel de concentración. Cambia tu mentalidad y deja de lado la perspectiva basada en el esfuerzo que utilizarías para otros movimientos más intensos. Hay un ritmo clave que te enseñaré para facilitar este proceso y hacer que cada serie de isquiotibiales sea un logro. Sentirás que cada repetición y serie cuenta con una tranquilidad indescriptible.

Proceso de Ritmo (ejemplo de la primera serie):

1) Después de calentar, aumenta el peso un nivel.

2) Acuéstate y comienza con tu pierna más débil

3) Haz un rizo y mantén la contracción en la parte superior del movimiento durante dos segundos, contando ("Uno, Dos") en tu cabeza. ¡Asegúrate de apretar hacia ti con determinación y contrae fuerte!

4) Baja lentamente durante tres segundos en negativo - Contando ("Uno, Dos, Tres") en tu cabeza mientras bajas.

5) Luego cuenta "Uno" cuando termines la repetición en la posición inicial.

6) Repita para la segunda repetición con "Uno, Dos" en la contracción, "Uno, Dos, Tres" en el negativo, y "Dos" para terminar

en la posición inicial.

7) Continúe con el mismo método hasta el fallo.

8) Cambie de pierna y repita mientras se mantiene la cuenta de repeticiones. Si realizó 10 repeticiones hasta el fallo en su pierna no dominante, entonces iguale la cuenta con su pierna dominante. No la sobrepase.

La parte emocionante del proceso de Ritmo es la consecuente adaptación de tu cerebro. Después de las primeras semanas de práctica, será algo natural. No necesitarás contar con la contracción o las porciones negativas en cada serie. Puede que cuentes el Ritmo durante tu primera serie; después, mantendrás el ritmo de forma natural en cada serie siguiente y sólo te centrarás en igualar el número de repeticiones. Serás capaz de realizar cada repetición con el mismo ritmo sin siquiera pensar en ello. El recuento de repeticiones será su único enfoque una vez que se afine con precisión. El conteo del Ritmo se convertirá en algo innato. Y con la suficiente práctica, serás capaz de cambiar tu Ritmo a cualquier cuenta que desees y adaptarte mucho más rápido para añadir variación. Por ahora, mantén el ritmo del ejemplo proporcionado porque es el más eficaz para el crecimiento muscular. Pruebe diferentes tempos y compruébelo usted mismo. Ahora vamos a proceder con las cinco series que son más óptimas para lograr resultados superiores:

Serie de calentamiento #1: 10 repeticiones con la pierna izquierda, luego 10 repeticiones con la pierna derecha con una resistencia de 10.

Serie de calentamiento #2: 10 repeticiones con la pierna izquierda, luego 10 repeticiones con la pierna derecha con una resistencia de 20.

Serie #1: Fallo con la pierna izquierda, luego igualar el número de repeticiones con la pierna derecha, contracción de dos segundos y control negativo de tres segundos para cada repetición con una resistencia de 20.

Serie #2: Fallo con la pierna izquierda, luego igualar el número con la pierna derecha, contracción de dos segundos y control negativo de tres segundos para cada repetición con una resistencia de 30.

Set #3: Fallo con la pierna izquierda, luego igualar el número con la pierna derecha, contracción de dos segundos y control negativo de tres segundos para cada repetición con una resistencia de 40.

Serie 4: Fallo con la pierna izquierda, luego igualar el número con la pierna derecha, contracción de dos segundos y control negativo de tres segundos para cada repetición con una resistencia de 50.

Serie #5 con bajada añadida: Fallo con la pierna izquierda, luego igualar el número con la pierna derecha, contracción de dos segundos y control negativo de tres segundos para cada repetición con una resistencia de 60 libras - bajar rápidamente el peso a una resistencia de 30 libras, hacer tantas repeticiones rápidas como sea posible con la pierna izquierda sin ritmo, luego igualar el número de repeticiones con la pierna derecha.

Esto es sólo un ejemplo del proceso. Entiendo que los niveles de resistencia y fuerza varían según el individuo. Se pueden hacer fácilmente algunos ajustes sencillos según su nivel de resistencia y fuerza. La carga progresiva del peso es opcional. También puede quitar el peso y bajarlo nivel por nivel después de alcanzar un punto en el que es demasiado pesado para realizar una repetición adecuada. El siguiente ejemplo aborda este dilema con un proceso casi idéntico al que he descrito anteriormente. Pero con un par de ajustes simples después de la **Serie #3**:

Serie de calentamiento #1: Resistencia de 10.

Serie de calentamiento #2: Resistencia de 20.

Serie #1: 20 de resistencia hasta el fallo en cada pierna siguiendo el Ritmo.

Serie #2: 30 de resistencia hasta el fallo para cada pierna siguiendo el Ritmo.

Serie #3: 40 de resistencia hasta el fallo para cada pierna siguiendo el Ritmo-Pronto te das cuenta de que el peso empieza a ser demasiado pesado para una repetición adecuada, una contracción adecuada o un control negativo adecuado.

Serie #4: Baje el peso a 30 de resistencia y proceda hasta el fallo siguiendo el Ritmo.

Serie #5: Con bajada añadida rápidamente: Fallo con la pierna izquierda, luego igualar el número con la pierna derecha, apretón de contracción de dos segundos y control negativo de tres segundos para cada repetición con una resistencia de 20 - bajar rápidamente el peso a una resistencia de 10, hacer tantas repeticiones rápidas como sea posible con la pierna izquierda sin ritmo, luego igualar el número de repeticiones con la pierna derecha

Hacer estos ajustes es necesario para que los isquiotibiales se desarrollen a niveles más altos. Si eres razonablemente fuerte con mucha resistencia, tu patrón, incluyendo dos series de calentamiento, podría ser 20, 30, 50, 60, 70, 80, y 90 con una serie de 40 bajada añadida rápidamente. Puede ajustar los patrones según sus niveles de fuerza y resistencia.

Nota: También puede utilizar la máquina de rizos de isquiotibiales parado y seguir este proceso. Es exactamente lo mismo, pero la máquina es menos común. Por eso he utilizado la máquina de isquiotibiales en posición prona como ejemplo.

RIZOS PARADOS

- Menos Común en los Gimnasios
- Gran Alternativa
- Funcionará Igual de Bien o Aveces Mejor que Prono

Cuando los levantadores encuentran una rutina o un proceso que les gusta, lo agotan hasta que deja de funcionar. Incluso yo soy culpable de esto. Si encuentro algún método que me gusta y que funciona muy bien, me apego a él con el mismo tipo de repeticiones, ritmo, patrón o tempo. Tienes que ser consciente de esto para liberarte de ello. Cambiarlo por entrenamientos o métodos de entrenamiento que no son efectivos no es una forma inteligente de buscar una variación. Por favor, mantén la estructura de este entrenamiento de isquiotibiales basado en el ritmo, pero añádele variaciones una vez que domines la contracción de dos segundos con un negativo de tres segundos. Aquí tienes algunas variaciones para que las consideres. Estas variaciones abrirán tu mente a nuevas posibilidades donde el crecimiento y la motivación son constantes:

- Rizo lento, contracción de dos segundos, negativo de tres segundos

- Rizo rápido/explosivo, contracción de dos segundos, negativo de tres segundos

- Rizo rápido/explosivo, contracción de un segundo, negativo de cuatro segundos
- Rizo lento, contracción de un segundo, negativo de cuatro segundos.

- Rizo rápido/explosivo, contracción de cinco segundos (con el peso más ligero), negativo de cinco segundos.

- Rizo lento, contracción de cinco segundos (con un peso más ligero), negativo de cinco segundos.

Su creatividad determinará cómo desea abordar este enfoque magistral. Por ejemplo, puede decidir mantener una contracción de cinco segundos cuanto más ligero sea el peso. A continuación, baje la contracción después de cada serie a cuatro segundos, tres segundos, dos segundos y un segundo cuanto más pesado sea. Las posibilidades son infinitas una vez que el entrenamiento de Ritmo de piernas individual se convierte en algo innato.

¿Y qué pasa con el descanso entre series? El descanso será de 15 a 30 segundos entre series, ya que se trabaja cada pierna por separado. Una pierna descansa mientras trabajas con la otra, de modo que puedes comenzar sin problemas la siguiente serie cuando lo desees. Lo ideal es tomarse un breve respiro entre series. 15-30 segundos son suficientes. Cualquier cosa más allá de eso es una pérdida de tiempo. Descansará la misma cantidad de tiempo que si estuviera entrenando las dos piernas, requiriendo 1-2 minutos de descanso. El entrenamiento de cada pierna por separado no debería llevar más tiempo que el entrenamiento de ambas simultáneamente. Este proceso de optimización de los isquiotibiales es más eficaz y requiere un mayor nivel de concentración. El grado de concentración que adquieras a medida que practiques día tras día determinará tus ganancias. Perfecciona la forma. Perfecciona el proceso. Sé creativo con tus variaciones de Ritmo una vez que te adaptes a uno efectivo. Céntrate en el proceso con precisión y el crecimiento será inevitable.

DIA TRES: TRAYECTORIA DE RUTINA

CUADRICEPS	ISQUIOTIBIALES
Ejercicio #1: • Las Seis Series de Pre-Agotamiento en la pagina 162 ***Ejercicio #2*** • *Capitulo 10*	***Ejercicio #3:*** • Capitulo 11
PANTORRILLAS	**ABDOMINALES**
Ejercicio #4: • Capitulo 12	***Ejercicio #5:*** • Capitulo 13

Capítulo 12: Juego Mental Para las Pantorrillas

El levantamiento es la única área de la vida en la que el fallo puede tener un resultado positivo. Usted quiere fallar y necesita fallar en cada serie. Este capítulo le dará una visión aguda de las formas ideales de llevar sus músculos al fracaso. Sí, este capítulo no trata de las pantorrillas, pero puede aplicar los conceptos a todos los demás músculos que desee entrenar. El fallo es más complejo que empujar esas repeticiones más allá de un umbral de dolor. Hacer repeticiones sin parar hasta que los músculos se rindan es sólo fallar en lo positivo.

La mayoría de las personas sólo se centran en los movimientos de empuje o tiron, convirtiendo en su misión el aumento de los récords personales de fuerza. Piensan que el entrenamiento ha sido un logro si han aumentado su prensa de piernas, sentadillas, rizos de isquiotibiales o elevaciones de pantorrillas por pocos kilos o libras. Desgraciadamente, jugar a ese juego mental sólo le proporcionará un progreso a corto plazo. Una forma segura de batir récords personales de forma consistente, sin preocuparse por batir récords personales, es llegar al fallo en tres niveles: movimiento positivo, movimiento negativo y contracción. Centrarse en esos tres niveles de fallo fue concebido por el 6x Campeón de Mr. Olympia: El Inglés Dorian Yates - posiblemente uno de los mejores culturistas de su época y un genio en el oficio.

Este libro toma lo que ya existe y lo mejora para lograr la máxima eficiencia, eliminando el bullicio y los conocidos movimientos o series desperdiciados. Este libro le muestra cómo llegar al fallo en los tres niveles. Pero este libro también ofrece una joya oculta que la mayoría de los levantadores pasan por alto o nunca utilizan. La gema oculta es el cuarto nivel de fallo. Ese cuarto nivel de fallo es algo que me gusta llamar Fatiga de Estiramiento. Las pantorrillas responden excepcionalmente bien a ese cuarto nivel de fallo. La fatiga por Estiramiento no es la única estrategia innovadora que aprenderá; también sabrá cómo fallar en cuatro rangos para las pantorrillas. La combinación de la fatiga por estiramiento y los cuatro rangos con tres niveles de fallo es un nuevo estrato de entrenamiento. Estos nuevos conceptos no deberían abrumarte ni intimidarte en absoluto. Por favor, disfruta del proceso mientras te enseño cómo aplicarlos de forma sencilla para un crecimiento constante.

Ir pesado no siempre es ideal para desarrollar la calidad y el tamaño del músculo. Añadir al menos una serie pesada a su proceso para cada grupo muscular puede ser beneficioso, pero hay que hacer más. Para la mayoría de los niveles de fallo muscular, empujar tan cerca de 5 repeticiones como sea posible después de que comience a quemar, y ir pesado debe hacer el truco para estimular el crecimiento y la calidad. Las pantorrillas, sin embargo, son un poco más sofisticadas. Un número excesivo de repeticiones y una contracción constante ayudan a su desarrollo, y añadir la fatiga por estiramiento casi lo asegurará. Este método mejorará la calidad y la estética general si tienes unas pantorrillas genéticamente estupendas. Y si no las tiene, el proceso le asegurará romper esa barrera genética y construir las pantorrillas que siempre ha deseado. Estos son los pasos para optimizar correctamente Los Cuatro Niveles de Fallo:

Serie #1: Comienza desde abajo, consiguiendo un estiramiento completo en las pantorrillas por 5 segundos. Estira con fuerza. Debe arder.

Serie #2: Levantar explosivamente y mantener la contracción durante 2 segundos. Imponga su voluntad en ello. Contrae con fuerza.

Serie #3: Baje lentamente durante tres segundos de concentración negativa.

Serie #4: Repita el proceso durante muchas repeticiones sin contarlas. Concéntrese en un estiramiento de 5 segundos, suba explosivamente/rápidamente, mantenga la contracción de 2 segundos y baje lentamente con un negativo de 3 segundos.

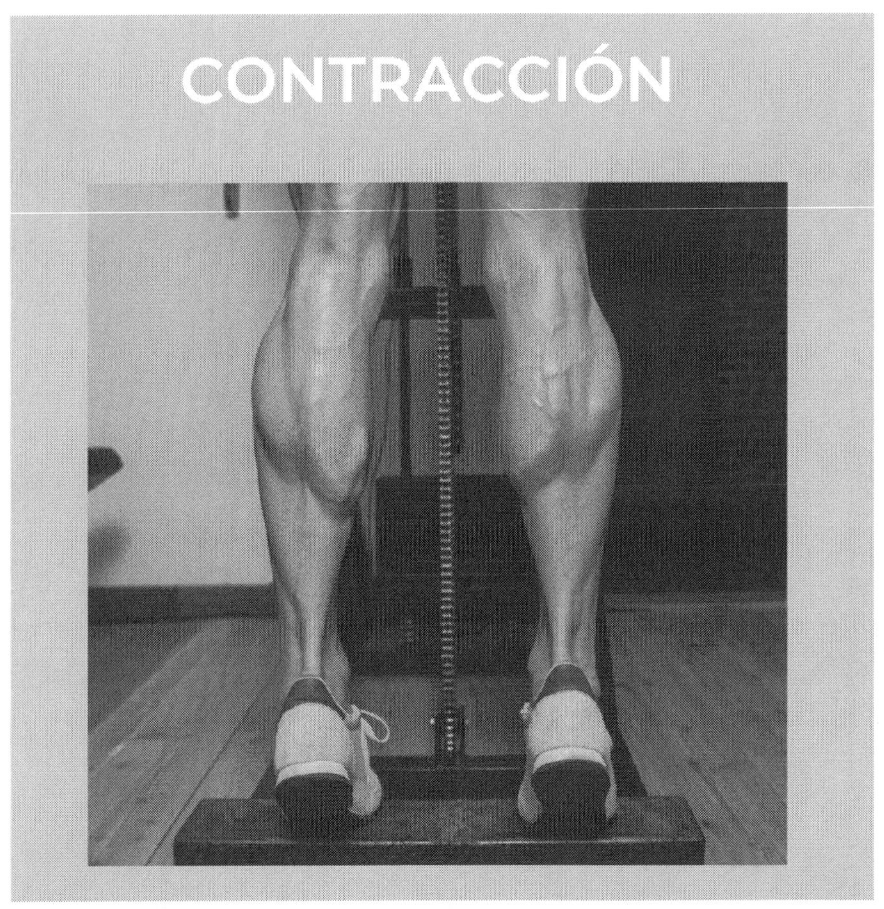

A menudo veo levantadores que realizan repeticiones hacia arriba y hacia abajo, añadiendo peso sin centrarse en la contracción, el negativo o el estiramiento. Desafortunadamente, entrenar de esa manera hace muy poco. Las pantorrillas son especiales. Requieren mucho esfuerzo con un enfoque simplificado en los pasos que he descrito anteriormente. Además, el componente de la fatiga por estiramiento asegurará que sus pantorrillas se cansen mucho más rápido mientras se estimula el crecimiento. Todas estas son cosas prácticas para recordar que también se pueden aplicar a otros grupos musculares. Fallar en Los Cuatro Rangos para las pantorrillas es similar al método de hacer parciales pero ligeramente más intrincado en el departamento de enfoque. Sin embargo, todo el proceso es sencillo. Se completa en una sola serie sin ningún descanso. Estos son los pasos:

Serie #1: Realiza tantas repeticiones como puedas desde la posición de estiramiento y sube a la posición de contracción hasta que no puedas hacer más - fallo completo. No mantenga la contracción en absoluto. Sólo haz las repeticiones rápidamente.

Serie #2: Sin descanso, continúe desde la posición de estiramiento y suba sólo hasta la mitad de la altura durante tantas repeticiones como sea posible hasta que ya no pueda seguir empujando hasta la mitad de la altura.

Serie #3: Sin descanso, continúe desde la posición de estiramiento 1/4 del camino hasta llegar al fallo.

Serie #4: Desde la posición de estiramiento, sólo levante ligeramente con sus pantorrillas apenas moviéndose hasta el fallo. Sólo levantará unos centímetros desde la posición de estiramiento.

Asegúrese de escalonar cada método para sus cinco series. Por ejemplo, la primera serie se centrará en los cuatro niveles de fallo, y la segunda serie se centrará en los cuatro rangos de fallo para las pantorrillas. Para cada entrenamiento, puede cambiar el patrón. Este es un ejemplo de sus series

Serie #1: Estiramiento de fatiga durante 5 segundos, levante rápidamente y mantenga la contracción durante 2 segundos; baje lentamente con un negativo de 3 segundos hasta la posición inicial (el estiramiento).

Serie #2: Repeticiones rápidas en todo el rango hasta el fallo, sin descanso, continuar con repeticiones rápidas a la mitad, sin descanso, continuar con repeticiones rápidas a 1/4 del camino, sin descanso, continuar empujando ligeramente desde la posición de estiramiento durante unos pocos centímetros.

Serie #3: Repita la serie 1

Serie #4: Repita la serie 2

Serie #5: Elija entre la serie #1 o #2 para terminar, a su elección.

Mantenga la estructura cada vez que entrene. Si quiere añadir variación, puede cambiar el tiempo de contracción, el tiempo de estiramiento de la fatiga y la velocidad de elevación. Cambiar el ritmo al cambiar el tiempo asegurará que tus músculos sigan confundidos una vez que se acostumbren al estímulo. Dale tiempo a tus músculos para que se adapten y luego cambia el ritmo. Pruebe el proceso sin peso al principio. Luego, añada peso a sus elevaciones cuando sus pantorrillas se vuelvan más potentes y desarrollen una mayor resistencia. Con el tiempo, dominarás el proceso hasta un nivel increíble, y tus pantorrillas manifestarán visualmente tu dominio.

DIA TRES: TRAYECTORIA DE RUTINA

CUADRICEPS	ISQUIOTIBIALES
Ejercicio #1: • Las Seis Series de Pre-Agotamiento en la pagina 162 ***Ejercicio #2*** • *Capitulo 10*	***Ejercicio #3:*** • Capitulo 11
PANTORRILLAS	**ABDOMINALES**
Ejercicio #4: • Capitulo 12	***Ejercicio #5:*** • Capitulo 13

Capítulo 13:
Espalda Baja y Abdominales

Tu búsqueda de unos abdominales increíbles debería ser un viaje lleno de diversión. No soy partidario de tener una rutina con respecto a los abdominales. Sin embargo, todo nuestro proceso de entrenamiento de piernas mejorará tu fuerza corporal. Además, tu espalda baja y tus abdominales se fortalecerán indirectamente al completar todo lo que acabamos de cubrir. Estos beneficios adicionales de nuestro proceso de desarrollo de las piernas le garantizan un ahorro de tiempo al entrenar la zona lumbar y hacer abdominales. Sólo necesitas 1 serie para la zona de la espalda baja. Sí. Sólo una serie. No hay ningún truco ni nada por el estilo. Realizar una serie haciendo extensiones de la parte inferior de la espalda será suficiente. Haz todas las repeticiones posibles para las extensiones de la espalda baja una vez que completes las pantorrillas y es todo.

Los abdominales son un lujo. Investiga y encuentra entrenamientos de abdominales de 2 minutos en el internet que puedas realizar una vez que termines las extensiones de la espalda baja. Encuentra un entrenamiento diferente cada vez que entrenes las piernas. Encuentra algo sencillo y rápido. Ya has conquistado el día después de completar este extenso proceso de piernas. Dedica unos 5 minutos entre tu serie de extensiones de espalda baja, tu entrenamiento de abdominales de 2 minutos y los estiramientos.

Consejo #1: Cuando realices movimientos de potencia, como sentadillas o prensa de piernas, asegúrate de mantener los pies a la distancia de los hombros y apuntando de forma natural. Muchos angulan sus pies de forma ridícula porque lo vieron en algún vídeo. Poner los pies en un ángulo amplio o supercercano lesionará tus rodillas. Mantén tus piernas a la anchura de los hombros con una postura natural.

Consejo #2: Cuando empiece a sentir alguna molestia en la cadera, la pelvis, o la rodillas a causa del Poder de Adaptación, después de Pre-Agotar, sólo realice extensiones de piernas en su próxima sesión de entrenamiento. Dale un descanso al movimiento de Poder para la Adaptación. Intente realizar 10 series de extensiones de piernas utilizando los mismos principios de pre-agotamiento. También puedes omitir los abdominales ese día.

Consejo #3: La flexión/contracción después de cada serie le dará aumentos adicionales. No tienes que exagerar con una pose absurda. Algo sutil funcionará. Contrae después de cada serie un mínimo de 10 segundos y un máximo de 20 segundos.

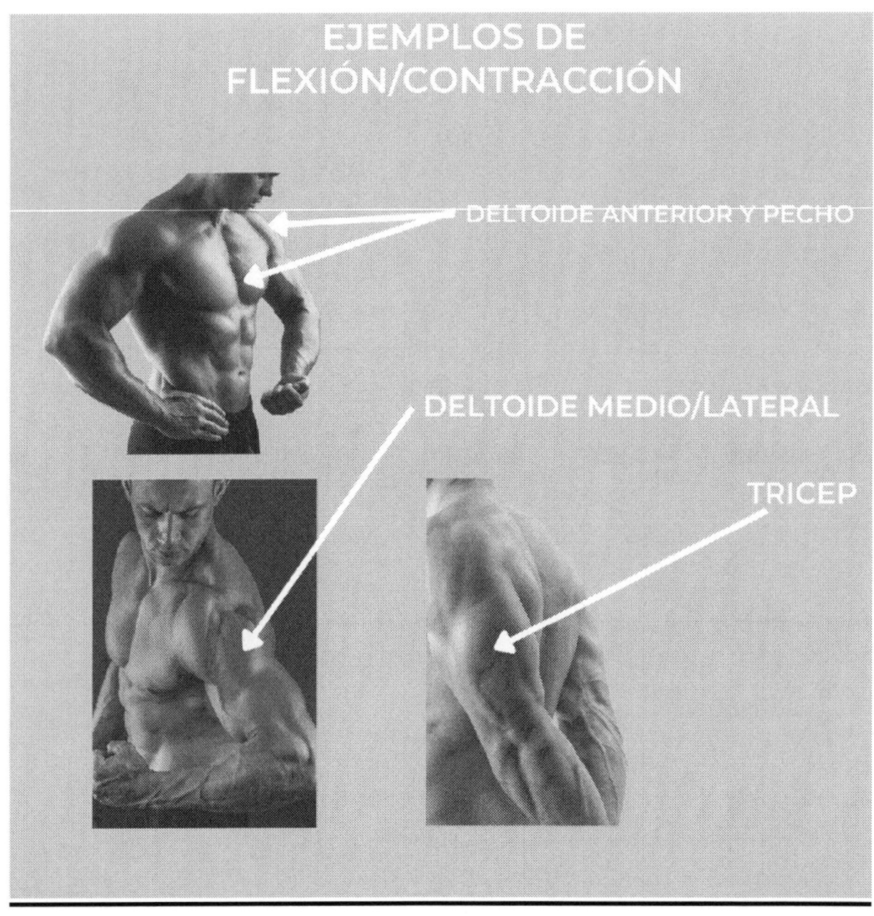
EJEMPLOS DE
FLEXIÓN/CONTRACCIÓN
DELTOIDE ANTERIOR Y PECHO
DELTOIDE MEDIO/LATERAL
TRICEP

DIA TRES: TRAYECTORIA DE RUTINA

CUADRICEPS	ISQUIOTIBIALES
Ejercicio #1: • Las Seis Series de Pre-Agotamiento en la pagina 162 ***Ejercicio #2*** • *Capitulo 10*	***Ejercicio #3:*** • Capitulo 11
PANTORRILLAS	**ABDOMINALES**
Ejercicio #4: • Capitulo 12	***Ejercicio #5:*** • Capitulo 13

Capitulo 14: Diseño de Rutina

En este capítulo, cubriré su división de entrenamiento. Hemos cubierto una variedad de métodos de entrenamiento, y es el momento de reunirlo todo. El enfoque habitual de los individuos se llama The Bro Split en Los Estados Unidos. Es el metodo tradicional de entrenamiento. Esta división es un patrón de entrenamiento de Una (1) frecuencia por semana. Consiste en Pecho el día 1, Espalda el día 2, Hombros el día 3, Piernas el día 4, y Brazos el día 5. Luego se descansa el fin de semana.

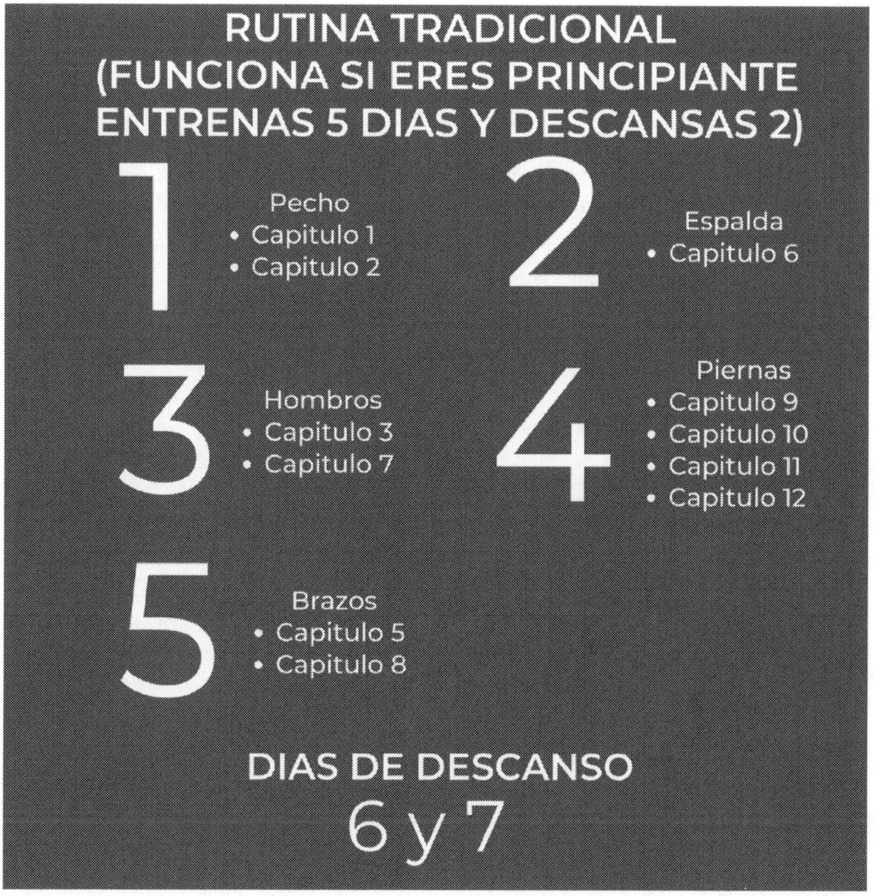

Hay varias opiniones sobre la configuración de la división. Se podría pensar que existe una división ideal en algún lugar. Lamentablemente, las preferencias personales y los prejuicios suelen imponerse en estas conversaciones. El lado positivo es que existe un consenso sobre los beneficios de la frecuencia. Crecerás más cuanto más frecuentes sean tus entrenamientos. Una advertencia a esta teoría es que la recuperación no permitirá una frecuencia excesiva.

Los individuos no naturales (un eufemismo para las personas que usan esteroides) responden mejor a una frecuencia de 3 y más alta. Pueden hacer fácilmente la parte superior del cuerpo el día 1, la parte inferior el día 2, la parte superior el día 3, la parte inferior el día 4, la parte superior el día 5 y la parte inferior el día 6. Luego descansan el 7º día. Las personas que usan drogas de ese tipo se recuperan más rápido que la mayoría, por eso pueden aprovechar la frecuencia excesiva y el crecimiento excesivo. Incluso una frecuencia de 4 a 6 (Entrenan todo el cuerpo cada día por varias horas) veces por semana no les hace daño (pero los esteroides definitivamente). Somos levantadores naturales, así que debemos encontrar la frecuencia ideal para crecer. El diseño tradicional funciona para principiantes. Pero luego para de trabajar y las personas no progresan despues de un par de años.

Estoy seguro de haber encontrado la solución perfecta para este problema. La frecuencia de 2 es adecuada para un levantador natural. Eso da 48 horas requerido para que se recupere el cuerpo naturalmente Este libro esta diseñado para aprovechar el descanso ideal. Este libro te darán la recuperación ideal para tu entrenamiento de Frecuencia 2X Semana. Nuestra división consistirá en el Día 1 de Empuje , el Día 2 de Tiron , y el Día 3 de Piernas . . A continuación, un día de descanso el 4º día. Luego comienzas el ciclo el 5º día, comenzando con Empuje de nuevo, Tiron el 6º, y luego Piernas el 7º. Lo que te da una rutina perfecta de 2 frecuencias.

Será algo así:

1) Pecho, Hombros (Anterior y Lateral), Tríceps

2) Espalda, Hombro Posterior, Bíceps, Trapezius, Antebrazo

3) Piernas y Abdominales

4) Descanso

5) Pecho, Hombros (Anterior y Lateral), Tríceps

6) Espalda, Hombro Posterior, Bíceps, Trapezius, Antebrazo

7) Piernas y Abdominales

8) Descanso

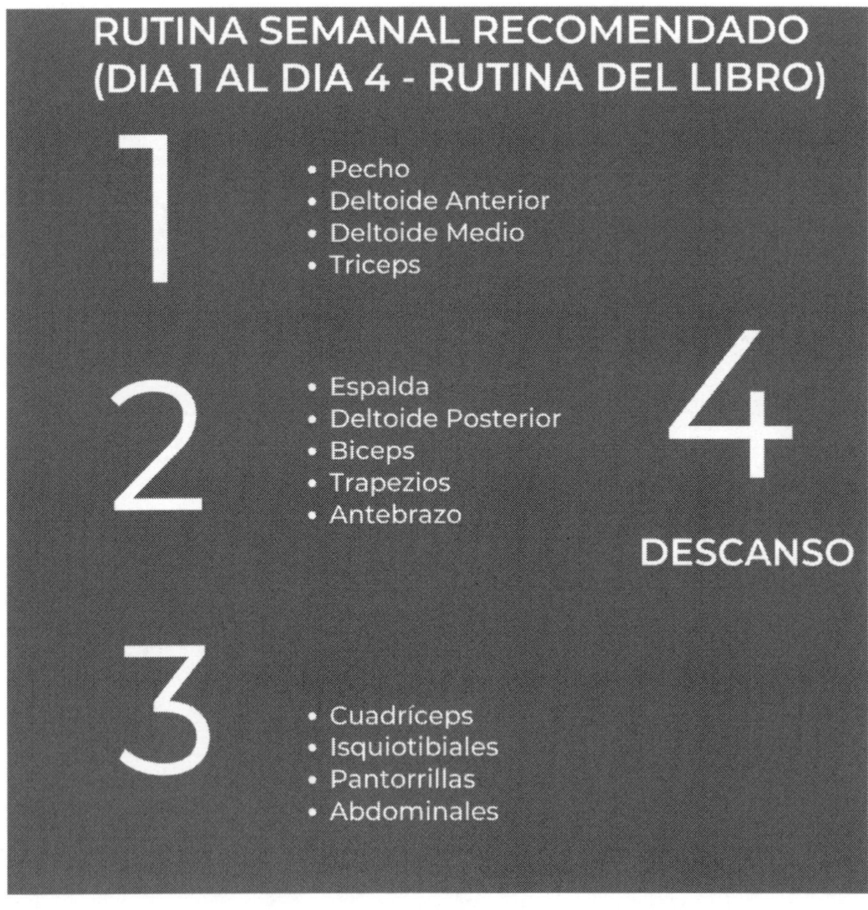

Una ventaja de esta división es la periodización de los días de entrenamiento. Por ejemplo, puedes empezar el Empuje un lunes, cuando todo el mundo entrena pecho. Pero la semana que viene, el día 8, empezarás el Empuje un martes.

- El lunes (Empuje Dia 1)

- Martes (Tiron Dia 2)

- Miércoles (Piernas Dia 3)

- Jueves (Descanso)

- Viernes (Empuje Dia 1)

- Sábado (Tiron Dia 2)

- Domingo (Piernas Dia 3)

- Lunes (Descanso Dia 4)

- Martes (Empuje Periodizado;Cambio de Dia; Ahora es Martes en vez de Lunes)

El ritmo preciso para el crecimiento muscular consiste en la Frecuencia y la Periodización. Periodiza para interrumpir la adaptación y confundir tus músculos cuando se acostumbren al patrón. Por ejemplo, el patrón de la division periodiza los días de la semana. Pero también hay una forma de periodizar tu division entrenando un día extra antes de tu día de descanso. Esto restablece tu division a un nuevo patrón. El proceso se parece a esto:

Patrón original:

1) Empuje Dia 1

2) Tiron Dia 2

3) Piernas Dia 3

4) Descanso

Día de entrenamiento adicional para periodizar la división

1) Empuje Dia 1

2) Tiron Dia 2

3) Piernas Dia 3

4) Empuje Dia 4.

5) Descanso

Nueva Division Periodizada:

1) Tiron Dia 1 (Espalda, Hombros Traseros, y Biceps son el nuevo dia Numero 1)

2) Piernas. Nuevo Dia 2

3) Empuje. (Pecho, Hombro delantero y Del Lado, Triceps son el nuevo dia Numero 3)

4) Descanso.

- Con la division periodizada, nuestro patrón comienza con Tiron en lugar de Empuje. Estaras mas fresco despues de tu descanso. Asi que tu ejercicio sera mas intenso y motivado. Añadimos un día de entrenamiento extra para interrumpir la adaptación, proporcionar el Caos y mantener la misma Estructura. El patrón principal se mantiene. Sólo asegúrese de tomarse con calma ese día de entrenamiento extra.

- No debe entrenar con la misma intensidad que los tres días de entrenamiento anteriores, ya que la fatiga podría aparecer. Nunca debes estar en el gimnasio más de dos horas. Noventa minutos es el tiempo ideal. Si tardas más, significa que no estás siendo eficiente. Una eficiencia tan precisa requiere tiempo, así que no te desanimes. La práctica hace la perfección.

Últimos 3 Pensamientos:

1) Muchas gracias por adquirir este libro. Sigue desarrollando tus métodos y tu forma de entrenar dominando este libro y creando tus propias variaciones. Sé creativo. Prueba nuevos métodos. No dejes de aprender y crecer. Asegúrese de que sus entrenamientos son eficientes y eficaces, sin series desperdiciadas.
2) **Por favor, no olvides de darle tu opinion a este libro en Amazon, Barnes & Noble, O cualquier tienda en que compraste este libro.** Es de gran ayuda para traerte mas libros avanzados en el futuro para que sigas creciendo.
3) **La compra de este libro viene con consejos gratis.** Tambien si te lo dieron de regalo porque este libro es uno de los mas regalados tambien. Te ayudamos en tus metas. Manda mensaje por Email a:

   Info@MusculacionYCulturismo.com